SABIDURÍA PARA VIVIR

ESTUDIO DEL LIBRO DE PROVERBIOS

SOCIEDADES BÍBLICAS UNIDAS

Sociedades Bíblicas Unidas es una fraternidad mundial de Sociedades Bíblicas nacionales que sirven a más de 200 países. Su propósito es poner al alcance de cada persona la Biblia completa o parte de ella en el idioma que pueda leer y entender, a un precio que pueda pagar y en el formato adecuado. Sociedades Bíblicas Unidas distribuye más de 500 millones de Escrituras cada año. Le invitamos a participar en este ministerio con sus oraciones y ofrendas. La Sociedad Bíblica de su país le proporcionará con agrado más información acerca de sus actividades.

Sabiduría para vivir © Sociedades Bíblicas Unidas, 2001
Escrito por el Dr. Edesio Sánchez Cetina
Ilustraciones © Sociedades Bíblicas Unidas, 2001

ISBN 1-57697-868-0

Sociedades Bíblicas Unidas
1989 NW 88th Court
Miami, FL 33172
USA

Impreso en Colombia
Impreso por Quebecor World. Bogotá S.A.

Contenido

Apreciado amigo, amiga, tienes en la mano una serie de estudios basados en el libro de Proverbios. Estos estudios se han preparado con el propósito de ser usados, principalmente, en grupo —escuela dominical, células de estudio bíblico. Sin embargo, también pueden ser utilizados para el estudio personal. En este caso, te sugerimos que antes de leer el Material para el maestro o el Material de apoyo, procedas a realizar cada tarea de la Hoja de trabajo para el alumno de la lección correspondiente. Así tendrás el privilegio de descubrir las verdades de Proverbios antes de leer lo que se dice en las otras secciones. Para el estudio personal, se puede obviar la sección titulada Material para el maestro. Aunque tiene algunos datos que no se encuentran en las otras secciones.

Cada sección contiene el material correspondiente a los diez estudios:

1. El libro de Proverbios (mirada global)
2. Palabras
3. Amistad
4. Necedad
5. Educación 1
6. Educación 2
7. Pereza y trabajo
8. Riqueza y pobreza
9. Actitudes 1
10. Actitudes 2

Sabiduría para Vivir

Estudio del Libro de Proverbios
Lecciones bíblicas para jóvenes y adultos

Para iniciar el estudio

Estamos ya casi listos para abordar el autobús que nos llevará a un emocionante viaje en el que visitaremos ocho "lugares". ¡Es un viaje de vacaciones! ¡Qué les parece! Bueno, esperen; no son así, tan vacaciones. Más bien deberíamos llamarles "vacaciones de trabajo". Pues aunque es un paseo, también hay trabajo suficiente como para "sacar humo de la cabeza". Les aseguro que será un viaje provechoso, al menos conocerán bien el "camino". Me refiero al libro de Proverbios (¡y conste que la palabra "camino" aparece unas 75 veces en el libro!)... pero, calma. Todavía no se suban al autobús. Quisiera estar seguro que llevan todos sus materiales de trabajo-placer a la mano. Vamos a ver... ¿Traen todos sus lapiceros, lápices o plumas? ¡Muy bien! Quiero ver sus cuadernos; a ver, levanten sus cuadernos. Veo varias manos sin levantar... ¿Qué pasa? Ahora viene algo muy importante. ¡Quiero ver las Biblias! Nadie puede iniciar el viaje sin su Biblia. Más bien, ese es el único boleto indispensable para abordar el autobús. Quien no la tenga... bueno, ustedes entienden.

Hablando de Biblias, quiero decir algo importante para nuestro estudio. Ustedes han de saber que la Biblia que ahora leemos en español fue traducida de los idiomas que hablaron los judíos en la época del Antiguo y del Nuevo Testamento. El hebreo y el arameo fueron usados para escribir el Antiguo Testamento y el griego para el Nuevo Testamento. Las traducciones al castellano (o en cualquier otro idioma) se llaman versiones. Actualmente existe un buen número de estas versiones en castellano. Sin duda la más conocida para nosotros es la versión de 1960 basada en la Antigua versión de Casiodoro de Reina (1569), revisada por Cipriano de Valera en 1602, y sujeta a revisiones en 1862 y 1909. Esta nueva versión de las Sociedades Bíblicas Unidas se conoce con la siglas RVR-60. En estos estudios, las citas que no tengan ninguna indicación especial son tomadas de esta versión. Pero existen otras versiones, muy buenas, por cierto, que hoy día se están leyendo en muchos países de habla castellana. De ellas hay cuatro que quiero señalar y, si es posible, usar en nuestro "viaje".

1. Dios Habla Hoy (VP)

Conocida también como La Biblia en Versión Popular. Publicada también por las Sociedades Bíblicas Unidas (1979). Su ventaja más grande es la de hacer más claro el mensaje bíblico en nuestro idioma. Los traductores pasaron muchos años de trabajo, no sólo en la traducción, sino también en la tarea lingüística de poner en lenguaje sencillo y claro un mensaje que nos viene de varios milenios de distancia y de idiomas muy diferentes al nuestro.

2. La Nueva Biblia Española (NBE)

Edición Latinoamericana. Es una traducción dirigida por dos eruditos españoles: Luis Alonso y Juan Mateos. La publica Ediciones Cristiandad, de Madrid, España (1976). Es una versión que resalta el carácter literario de la Biblia y de nuestro idioma. Por ejemplo, al leerse en ella el libro de los Proverbios, uno saborea el mismo estilo del refrán castellano. Los proverbios han sido traídos a nuestra lengua con el mensaje de la Biblia pero con el ropaje literario del castellano.

3. La Biblia de Jerusalén (BJ)

Traducida de los idiomas originales, pero basada en la versión original francesa. La tercera edición (1975) es una revisión muy completa. No sólo trae los adelantos de la ciencia de la traducción bíblica, sino que sus explicaciones al pie de página, así como las introducciones de los libros, contienen una excelente información erudita, digna de los mejores libros para el estudio de la Biblia. Por la calidad de su traducción y de su información, esta Biblia se convierte en magnífica herramienta para el estudio serio de la Biblia.

4. El libro del pueblo de Dios (LPD)

La Biblia, traducida de los idiomas originales por un equipo bajo la dirección de los doctores Armando Levoratti y Alfredo Trusso. Aunque la traducción se concibió para servir al pueblo cristiano argentino, ha resultado ser una versión excelente para todo lector de habla hispana. La traducción y las notas son excelentes.

¿Por qué hablamos de versiones bíblicas en un estudio sobre el libro de Proverbios? La razón es sencilla. Cuando utilizamos dos o más versiones de la Biblia podemos comparar las diversas traducciones y así obtener con más claridad el mensaje de la Biblia. Aquello que aparece obscuro en una versión, se aclara al comparar el texto con las otras versiones. Por ejemplo, nunca entendí en forma clara Romanos 12.20 en la RVR-60: "ascuas de fuego amontonarás sobre su cabeza", hasta que leí la VP: "así harás que le arda la cara de vergüenza".

Hay otros libros que ofrecen una buena ayuda para el estudio de la Biblia:

1. Una Concordancia de la Biblia

La más conocida es la de C. P. Denyer, Concordancia de la Sagradas Escrituras, publicada por Editorial Caribe (1969). Esta concordancia está basada en la RVR-60. Es una de las herramientas más importantes para el estudio de la Biblia, pues nos permite "rastrear" palabras y conceptos a través de la Biblia. Nos permite también descubrir cómo se utiliza una palabra en un libro y los contextos donde ella aparece.

2. Un Diccionario de la Biblia

Existen varios en español. Unos lo son de teología bíblica (sólo abarcan los conceptos con significando teológico). Los que más nos ofrecen ayuda son los que tienen definiciones y explicaciones sobre todos los términos y conceptos clave en la Biblia; teológicos, históricos, geográficos, etc. El más conocido entre nosotros, y más fácil de adquirir es el Diccionario Ilustrado de la Biblia, editado por Wilton M. Nelson y publicado por la Editorial Caribe (1974).

Con estos dos libros y, por lo menos, dos versiones de la Biblia, ustedes tiene un buen equipo de herramientas que les servirán para éste y muchos otros "viajes" por los libros de la Biblia.

Bueno, ahora... ¡Al abordaje!

MATERIAL PARA EL MAESTRO

EL LIBRO DE PROVERBIOS

Antes de la reunión

Hemos dividido el material de estudio en seis partes, para que el maestro que así lo desee, prepare la lección durante los seis días previos a la clase.

Esta es la primera lección de la serie y por ello tiene un carácter introductorio. Tú, como maestro, querrás familiarizarte con el libro de Proverbios leyendo el texto bíblico, pero también estudiando algún libro que hable acerca de él. Si tienes un Diccionario de la Biblia a la mano, puedes leer la parte sobre Proverbios. La Biblia de Estudio, Versión Popular, de las Sociedades Bíblicas Unidas, es de gran ayuda.

Los temas que deberás conocer antes de la clase son los siguientes:

a. Literatura sapiencial en la Biblia —¿Qué libros de la Biblia tratan de manera especial el tema de la sabiduría?

b. El libro de Proverbios como literatura sapiencial —su contenido, sus temas más importantes, su estructura.

c. Los proverbios o refranes —su característica, su uso en la vida diaria, su papel en el libro de Proverbios y en la vida del pueblo de Dios.

Día 1 ¿Qué es la sabiduría?

Es el arte de vivir en este mundo, y tiene su base y configuración en el "temor del Señor". Abarca todas las esferas de la vida y tiene que ver con todo aquello que ayude al individuo a ser industrioso, a desarrollar destrezas manuales y técnicas, a ser honesto, sobrio, casto y de buena reputación.

Varios libros y pasajes bíblicos pertenecen a la literatura sapiencial: Job, Proverbios, Eclesiastés, un buen número de salmos (1; 37; 49; 73; 91; 112; 119; 127; 128; 133; 139), la historia de José (Génesis 37--50). En estos libros y pasajes, el énfasis primario es en la sabiduría. Ella aparece como la llave para descubrir el sentido de la vida. Su valor se resalta cuando se ven los resultados en la vida de dos clases de personas: los sabios y los necios; los primeros, al seguir el camino de la sabiduría, salen airosos; los segundos, al seguir otros caminos, terminan en la desgracia. Estos libros quieren responder a la pregunta ¿Cómo descubrir y aprender el arte de vivir la vida? Quizás tú digas: "¿Acaso no toda la Biblia tiene como propósito eso?" Cierto; por ello estos libros pertenecen a la Biblia.

Sin embargo, una lectura de estos libros nos indicará que la sabiduría mira la vida desde una perspectiva diferente a la de los otros libros del Antiguo Testamento. En el Pentateuco encontramos sobre todo órdenes, leyes y mandatos. En los libros históricos, relatos de cómo vivió el pueblo de Israel frente a las demandas de Dios y cómo Dios actuó con su pueblo. Los libros proféticos enfatizan sobre todo la revelación divina, el mensaje proclamado, la llamada al arrepentimiento.

En los libros sapienciales, por su parte, no encontramos leyes, ni relatos escritos, ni se ofrecen revelaciones, ni se proclama la palabra revelada. En ellos se dan consejos, se ofrecen reflexiones, se presentan advertencias. Al lector se le invita a hacer comparaciones, a decidir. Más que a obedecer leyes y mandamientos, se enseña la decisión responsable; más que la oración, la acción; más que aprender de ejemplos biográficos y relatos históricos, se llama a probar y comprobar. Al ser humano se le pide que asuma, ante Dios, la responsabilidad total de sus decisiones y acciones.

La sabiduría es una literatura tan peculiar, que en ella no encontramos los temas clave de la fe bíblica, presentes en otras partes del Antiguo Testamento, (ni tampoco los presentes en el Nuevo Testamento, por supuesto). No se habla del éxodo, ni del pacto, ni de la conquista, ni del cautiverio. Los temas del pecado y de la salvación se tratan de manera muy propia, muy diferente al resto de la Biblia. La idolatría no parece ser amenaza. En vano se buscará el tema de la oración o del culto. La fe no es un tópico central. Como que al estudiar la sabiduría, más que llevarnos al umbral del templo de la vida religiosa y espiritual, ella nos saca por el patio, a lo más secular y cotidiano de la vida. Por ello, su lugar más apropiado es el hogar y las relaciones interpersonales en la comunidad en que se vive.

Ayuda a los alumnos a reconocer el valor de este tipo de literatura y su papel en la vida diaria como hijos de Dios.

Día 2 El libro de Proverbios

Estudia la primera parte del Material de apoyo, para familiarizarte con los distintos elementos característicos del libro de Proverbios. Usa ese material en compañía de tu Biblia. Coteja en la Biblia los datos que se dan en el Material de apoyo.

En ese material encontrarás la lista de los varios títulos que están al inicio de las principales secciones del libro de Proverbios. Esta es una tarea que se le pide a los alumnos que desarrollen. Para este estudio, sólo consideraremos dos divisiones importantes: capítulos 1-9 y capítulos 10-29. El Material de apoyo te ayudará a conocer las características de estas dos divisiones.

Día 3 Los proverbios en el libro de Proverbios

Las lecciones de esta unidad se basan, de manera especial, en los proverbios, dichos o refranes. Por ello, es importante que tú conozcas sus características especiales para ayudar a los alumnos a saber qué son y cuál es su valor en la vida. El Material de apoyo ofrece una explicación extensa al respecto. Sería bueno que escojas algunos proverbios del libro de Proverbios y los compares con los refranes que se conocen y se usan en la calle y en las charlas entre amigos y familiares. La clase podrá dialogar sobre las semejanzas y diferencias entre los refranes y los proverbios.

La sabiduría como patrimonio de todos los pueblos

Uno de los propósitos de esta lección es ayudar a los estudiantes a reconocer el valor de enriquecer las enseñanzas y principios bíblicos con otras que provienen de la cultura que nos rodea. En el Material de apoyo, en la sección Estructura y teología del libro, tres párrafos extensos tratan de ese tema. La clase se beneficiará grandemente si tú les ayudas a tus alumnos a pensar y a dialogar sobre los pros y los contras de "tomar prestado" de la cultura y de la sociedad conocimientos y prácticas, para integrarlos en la vida de la iglesia: las ceremonias nupciales, celebraciones de quince años, teorías educativas, disciplinarias, psicológicas, prácticas de diversión, etc.

Proverbios y la doctrina de la responsabilidad humana

Estudia Génesis 1.26-31 y 2.5-16. ¿Qué enseña ese pasaje sobre la responsabilidad que Dios le dio al ser humano? Responde esa pregunta a la luz de la reflexión que se te ofrece en el Material de apoyo (la última parte del material). Es importante que el alumno entienda el elemento característico de la enseñanza del libro de Proverbios como literatura sapiencial —recuerda lo que se ha dicho en la primera parte de este "Material

del maestro". Esto ayudará a los participantes de la clase a reconocer el valor de cada parte de la Biblia y su aplicación en la vida del cristiano.

Consejos pedagógicos

Esta es la única lección que trata el tema de manera general y muy académica. Por ello, tú deberás ayudar a la clase a no sentirse amenazada con un tipo de material demasiado intelectual. Sería bueno que prepares pliegos de papel o cartulina para escribir en letras grandes y de manera esquemática la lista de libros y pasajes que componen la literatura sapiencial; la definición de sabiduría; las características del refrán o proverbio; algunos de los temas que tratan los proverbios en el libro de Proverbios: la pereza, el trabajo, la educación, la disciplina, la necedad, la justicia, la pobreza, etc.

Notas

1. Se puede iniciar la clase invitando al grupo a discutir el tema de la sabiduría con las siguientes preguntas:

¿A quién se le considera sabio el día de hoy? ¿Cuándo se dice que alguien es sabio? ¿Cuál de estas dos palabras define al que no es sabio y por qué: tonto o necio? ¿Qué diferencia hay entre esas dos características negativas?

2. Invita a los miembros de la clase a compartir las cosas que descubrieron en su lectura del libro de Proverbios. Toma en cuenta las tres primeras preguntas de la hoja del alumno. Comparte con la clase los varios elementos que descubriste en tu estudio del libro de Proverbios y del Material de apoyo. Este es el momento de usar las cartulinas.

3. Pide a los miembros de la clase recitar o leer refranes o dichos comunes en nuestra cultura actual. Sería bueno escribir en el pizarrón o en papeles grandes algunos de esos refranes, para estudiar tanto su contenido como su estructura, forma y características. Aporta al grupo el material que estudiaste en el Material de apoyo.

4. Pide a algún miembro de la clase que lea los pasajes de Génesis (1.28-31; 2.5, 15-16) y permite que se desarrolle una discusión tomando como punto de partida las preguntas de la "hoja del alumno".

Recuerda que todo este material se ofrece como sugerencias. Tú como maestro, dependiendo del número de alumnos, del tiempo de la clase y de las circunstancias concretas del grupo, deberás ajustar el material de acuerdo a las necesidades.

No olvides entregar las hojas de la próxima clase, para que cada miembro del grupo se prepare de antemano.

PALABRAS

Antes de la reunión

Te sugerimos que estudies la lección en seis etapas (si puedes separar un tiempo cada día):

Los chismes

Definición del diccionario: "Noticia o información verdadera o falsa que se cuenta para difamar o desacreditar a alguien o para enemistar a una persona con otra."

Al preparar la lección, lee los proverbios y bosqueja las características del chisme y del chismoso: Proverbios 11.13; 20.19; 10.18; 16.28; 25.27; 18.8; 26.20,22.

Piensa en refranes o dichos que apunten al tema. Prepárate para ayudar a la clase a citar refranes conocidos, no bíblicos, y a ver en qué coinciden o no con los proverbios bíblicos; ¿qué nuevos temas aportan que no están en los proverbios bíblicos? Aquí te ofrecemos algunos refranes castellanos:

"La vida buena no teme a la mala lengua."

"Arrastra más basura que un río crecido."

"Nada tan sabroso como hablar mal del prójimo."

"Pueblo chico, infierno grande."

"La chismosa es el periódico del barrio."

La mentira

Definición del diccionario: "Cosa que se dice sabiendo que no es verdad, con intención de que sea creída".

Lee los textos y haz lo mismo que hiciste con la sección anterior: Proverbios 19.28; 20.17; 19.5; 6.16-19; 4.24.

Piensa en un pasaje de la Biblia, fuera del libro de Proverbios, donde aparezca el asunto de la mentira y sus consecuencias. Por ejemplo, Hechos 5.1-11. Prepara algunas preguntas para ayudar a los miembros de la clase a entender lo serio del asunto.

He aquí algunos refranes para ayudarte en la preparación del tema:

"En boca de mentiroso, lo cierto se hace dudoso."

"Dejar lo cierto por lo dudoso, es peligroso."

"La verdad que daña es mejor que la mentira que alegra."

"Para mentir y comer pescado hay que tener cuidado."

El charlatán

Definición del diccionario: "Hablador. Se aplica a la persona que habla demasiado. O a la que dice indiscretamente cosas que debería callar. Embaucador."

Lee y estudia los siguientes proverbios y señala en qué consiste ser charlatán o hablador: Proverbios 15.1; 12.18; 26.23; 29.5.

 Las palabras veraces y bien intencionadas

Considera el siguiente grupo de proverbios: Proverbios 12.17; 15.2,7; 10.11,21; 12.18,20. ¿Qué dicen sobre el tema? Haz una lista de las diferentes virtudes, usando tus propias palabras. ¿Cómo se aplican de manera concreta esos proverbios en 1 Reyes 3.16-28? Sería bueno conseguir una historia contemporánea para buscar una aplicación para el día de hoy.

 Tacto y precaución

Definición de "tacto": "Habilidad y cuidado para conducir un asunto delicado o para tratar a las personas en casos delicados sin ofenderlas o consiguiendo de ellas lo que se pretende".

Palabras sinónimas de precaución: cautela, circunspección, cuidado, prevención, prudencia, reserva.

Estudia los siguientes proverbios: 25.11; 15.23; 24.26; 15.1; 20.3; 15.4; 12.25; 25.15. Haz una lista de las virtudes a las que apuntan estos proverbios.

Anota las expresiones que escuches de otros y que hayan servido para ayudar en momentos de tristeza, de pleitos, de problemas. Sería bueno que con fotos de revistas o periódicos armes una historia en la que se pase del pleito a la armonía. Si no se puede hacer eso, podrías preparar una pequeña dramatización e invitar a la clase a presentarla en vivo. Después de cualquiera de las dos actividades, el grupo puede reflexionar y aportar sobre el tema. Un pasaje que se presta muy bien para dramatizar es 1 Samuel 25.4-34.

 La buena palabra y el saber callar

Lee los siguientes proverbios y haz una lista de las imágenes que se usan para describir la "palabra buena": 18.4; 25.11,12,25; 15.4; 16.24; 24.26. A la hora de la clase tú podrás invitar a los miembros a buscar imágenes o analogías contemporáneas para describir la "palabra buena".

Estudia los siguientes proverbios y señala las virtudes de saber guardar silencio: 18.13; 21.23,28; 14.23; 13.3. Prepara algunos ejemplos que ayuden a la clase a reconocer cuándo sí y cuándo no se debe hablar.

Notas

1. Invita a los miembros de la clase a discutir sobre el tema de la sesión y los diferentes textos leídos:
- ¿Qué dudas surgieron?
- ¿Qué ideas nuevas aparecieron que quieran compartir con el grupo?
- ¿Qué pasajes o temas les hablaron de manera especial? ¿Por qué?

Este es el momento en el que puedes compartir con la clase las ideas que anotaste durante tu preparación. Compártelas sólo después de que el grupo haya tenido oportunidad de hablar sobre el tema.

2. Ayuda a los alumnos a recordar circunstancias en las que ellos han participado, o han sido víctimas de los chismes y mentiras. Sería bueno hacerles la siguiente pregunta: ¿Cuál ha sido tu "metida de pata" más grande? ¿En qué circunstancia fue y qué dijiste?

3. Separa un tiempo corto e invita a la clase a citar refranes que hablen sobre el chisme, la mentira y el saber o no saber callar.

4. Divide a la clase en tres grupos. Al primer grupo pídele que trabaje con Hechos 5.1-11; al segundo grupo pídele que trabaje con 1 Reyes 3.16-28; al tercer grupo pídele que lea 2 Samuel 25.4-34. Que discutan las siguientes preguntas: 1) ¿En qué consiste la falta o virtud de los personajes? ¿Qué frutos trajo la acción —mala o buena— de esos personajes? ¿Qué lección nos da el pasaje? Que se den respuestas concretas a esta última pregunta. Después de unos minutos, invita a los grupos a compartir las respuestas con todos y a sacar conclusiones provechosas para la vida individual, familiar y de la iglesia.

5. Si el tiempo lo permite, puedes agregar otros puntos que preparaste de antemano y que consideres importantes para hacer durante la clase.

Recuerda que todo este material se ofrece como sugerencia. Tú como maestro, dependiendo del número de alumnos, del tiempo de la clase y de las circunstancias concretas del grupo, deberás ajustar el material de acuerdo a las necesidades. El material es tan rico, que hasta puede dividirse en dos o más sesiones de trabajo.

AMISTAD

16

Hemos dividido este material en seis partes para invitarte a separar un corto tiempo de preparación durante los seis días previos al día de reunión.

Día 1 Encuesta sobre la amistad

El primer paso para la preparación de la clase es realizar una encuesta con varias personas. Pregúntales: ¿Qué entienden ustedes por amistad? ¿Cómo describen al mejor amigo? ¿Qué características tiene el falso amigo? Después de la encuesta, haz una lista de las respuestas, para compartir con la clase en el momento oportuno.

Día 2 El buen amigo

Estudia los proverbios que se han citado al respecto en el Material de apoyo. Te recomendamos que siempre busques las citas en la versión Reina-Valera de 1960 para poder cotejarlas con las otras versiones que presentamos en el Material de apoyo. Usamos otras versiones para ayudarte a entender con más facilidad el mensaje del proverbio. Los participantes de la clase tendrán como tarea estudiar varios proverbios sobre este tema. Así juntos podrán discutir el material.

Puedes recoger algunos refranes conocidos para ayudar a la clase a descubrir los paralelos entre la sabiduría popular y la enseñanza de lo proverbios bíblicos. Aquí tienes algunos ejemplos:

"No hay mejor pariente que buen amigo presente."

"No hay tal espejo, como el ojo del amigo bueno y viejo."

"En la cárcel y en la cama se conocen los amigos."

"Las cuentas claras guardan las amistades."

Día 3 La amistad que salva vidas

Estudia 1 Samuel 19.1-7; el capítulo 20; 2 Samuel 1.7-27 y 9.1-13. Haz una lista de las características de la amistad entre David y Jonatán. Relaciónalas con los proverbios que has estudiado.

Refuerza lo anterior con el siguiente pensamiento sacado de la enseñanza del Nuevo Testamento. Jesús elevó el tema de la amistad a un nivel muy alto, al llamarse amigo de sus discípulos (Juan 15.13-15). En este pasaje Jesús señala tres características del amigo: 1) el amigo verdadero da su vida por sus amigos; 2) el amigo verdadero obedece al amigo; 3) el amigo verdadero comparte todo con sus amigos. En el Evangelio de Lucas (11:5-8; 12:4; 15:6; 15:9), el amigo siempre tiene el privilegio de gozar de las nobles alegrías de su amigo. El amigo ocupa un lugar de mucho privilegio.

El amigo a medias

Lee el Material de apoyo y estudia los textos enlistados allí. Busca algún pasaje de la Biblia, fuera de Proverbios, que te ayude a describir mejor este tipo u otra clase de falsa amistad. El caso de Pedro puede ser un ejemplo: Mateo 26.30-35, 69-75. Piensa en casos de la vida real que ayuden a la clase a captar mejor este tema.

Busca algunos refranes o pensamientos que arrojen más luz sobre este tipo de falsa amistad. He aquí algunos ejemplos:

"El que nunca va a tu casa, en la suya no te quiere."

"El más amigo es traidor y el más verdadero miente."

"Amigo que no da y cuchillo que no corta, que se pierdan poco importa."

"Acabándose el dinero, se terminó la amistad."

"Donde hay higos, hay amigos."

"Con buen pan y con buen vino, no te faltarán amigos."

"Por decir las verdades se pierden amistades."

 Los amigos que no son amigos

Estudia la sección correspondiente en el Material de apoyo. Los miembros de la clase harán su parte, esperando así que se desarrolle un buen diálogo. Aquí también será de ayuda agregar algunos refranes sobre el tema de la mala amistad:

"Quien deja de ser amigo, no lo fue nunca."

"Del mal amigo y señor cuanto más lejos mejor."

"Loca oveja la que al lobo se confiesa."

 Sugerencias para la reunión

Puedes enriquecer la experiencia pedagógica de la reunión, preparando algunos casos concretos que muestren las cualidades positivas y negativas de la amistad. En algún momento de la clase puedes dividir el grupo en parejas, y entregarles a cada pareja un caso que deberán dramatizar. Por ejemplo: "el que usa la amistad para hacer trampa en los exámenes"; "el que, en honor a la amistad, enfrenta al amigo por un error cometido". Piensa en algunos casos e invita a la clase a dramatizarlos y después discutir brevemente sobre el asunto.

Puedes también preparar alguna poesía, canción o fotografía que ilustren alguna parte del tema de la clase. Los dos poemas que aparecen en el Material de apoyo, son canciones que se pueden

18

conseguir en casete o disco compacto; será una buena experiencia escucharlas y discutirlas un poco.

También sería interesante llevar plasticina —o plastilina— de diferentes colores e invitar a los miembros del grupo a expresar algún tema de la amistad modelando algo.

Notas

1. Invita a los miembros de la clase a describir qué es la amistad y qué es la falsa amistad. Después de unos minutos de diálogo entre ellos, comparte los resultados de tu encuesta.

2. Invítalos a hablar del buen amigo, escuchando primero la canción de Alberto Cortez sobre ese tema. Después podrán considerar la historia de David y Jonatán, a la luz de los proverbios estudiados. Este tema se podrá reforzar con una pequeña dramatización que presente el caso de un buen amigo y con los refranes que hayan preparado.

3. Después de hablar del buen amigo, invita al grupo a dialogar sobre el tema de la mala amistad. Puedes usar la otra canción de Cortez, o cualquier otro material que tú o los del grupo hayan traído, incluyendo refranes. Usa los proverbios para reforzar lo discutido. Una corta dramatización será una buena conclusión.

4. Permite que el grupo dedique un buen tiempo a pensar y dialogar sobre la amistad de una manera más personal y concreta. Invita a los miembros de la clase a hacer un análisis de su propia actitud como amigos. ¿Cuántos amigos tienen? ¿Qué grado de intimidad tienen con ellos? ¿Cuál es el obstáculo más grande que encuentran para el desarrollo de una amistad saludable y madura? Invita a que cada miembro del grupo tome una hoja de papel y señale, a partir de este estudio, qué cualidades positivas y negativas reconoce en su persona.

5. Si el tiempo lo permite, o si se quiere considerar como una actividad prioritaria, invita a la clase a hacer una dinámica de grupo. Hagan una lista de cualidades positivas de la amistad, en el pizarrón o en un pliego grande de papel. Invita a un miembro de la clase a que inicie la dinámica señalando qué cualidades cree tener. Después que termine de señalar sus propias cualidades, invita a que todo el grupo agregue otras que esa persona no señaló pero que el grupo cree que tiene. Continúa la dinámica hasta que todos los miembros participen uno a uno. Si todos participan con madurez, respeto y libertad, la experiencia será enriquecedora.

NECEDAD

Antes de la reunión

Hemos dividido este material en seis partes para invitarte a separar un corto tiempo de preparación durante los seis días previos al día de reunión.

Día 1 — Definición de "necio"

Hay varias maneras de obtener datos para elaborar una definición de "necio" y "necedad". Te sugerimos que recurras a varias fuentes para crear, junto con tu clase, una definición "no bíblica" del "necio".

Puedes, en primer lugar, recurrir al diccionario. He aquí la definición del Gran diccionario general de la Lengua Española : "Que no sabe lo que podía o debía saber. Imprudente, terco o porfiado". También podrías mirar lo que el diccionario dice de varias palabras sinónimas: imprudente, terco, porfiado, incapaz, tonto, simple, estúpido, ignorante, imbécil, inepto, bobo.

Acércate a varias personas de distintas edades y pídeles que te den una definición personal de "necio" y "necedad". Tú puedes darles otros sinónimos para ayudarlos a lograr una definición clara y sencilla.

En tercer lugar, puedes recurrir a algunos pensamientos, refranes o dichos, que traten el tema. He aquí algunos ejemplos:

"Con necios, ni bañarse, porque hasta el jabón se pierde."

"Un necio callado, es oro molido."

"Desde lejos, lo parecen; de cerca, ni duda cabe."

"Al que al cielo escupe, en la cara le cae."

"El vivo por señas y el tonto a palos."

"Cada día que amanece, el número de los tontos crece."

"Para ser tonto no se estudia."

Día 2 — Características del necio

En el Material de apoyo podrás encontrar lo que el libro de Proverbios dice al respecto. No se han cubierto todos los proverbios que enseñan este tema, pero sí se han escogido los más característicos. Esta es la parte más amplia del Material de apoyo, pero no necesariamente la más complicada. Estudia cada subdivisión teniendo en mente ejemplos contemporáneos (de personas con quienes te relacionas, de películas que has visto, de libros o revistas que has leído y de pasajes bíblicos conocidos). Los alumnos comprenderán mejor la enseñanza si se les presentan ejemplos de la vida real; además eso les ayudará a recordar la enseñanza con más facilidad. Las fábulas de Esopo y Samaniego dan excelentes ejemplos para los diferentes aspectos de la vida diaria. He aquí un ejemplo de Samaniego:

La tortuga y el águila

Una tortuga a un águila rogaba
la enseñase a volar; así la hablaba:
"Con sólo que me des cuatro lecciones,
ligera volaré por las regiones;
ya remontando el vuelo
por medio de los aires hasta el cielo,
veré cercano al sol y las estrellas,
y otras cien cosas bellas;
ya rápido bajando,
de ciudad en ciudad iré pasando;
y de este fácil, delicioso modo,
lograré en pocos días verlo todo".

La águila se rió del desatino;
la aconseja que siga su destino,
cazando torpemente con paciencia,
pues lo dispuso así la Providencia.

Ella insiste en su antojo ciegamente.
La reina de las aves prontamente
la arrebata, la lleva por las nubes.
"Mira, le dice, mira cómo subes".
Y al preguntarla, dijo, ¿vas contenta?
Se la deja caer y se revienta.

Para que así escarmiente
quien desprecia el consejo del prudente.

¿Qué gana el necio con su necedad?

Como en el caso anterior, estudia la sección correspondiente en el Material de apoyo, agrégale más contenido al material y enriquece tu comprensión del tema con ejemplos de la vida real. Hay un buen número de ejemplos de jóvenes que han caído en garras de la drogadicción y tráfico de drogas.

En la Biblia tenemos varios ejemplos de personas para quienes su necedad sólo acarreó desgracias: (1) El caso de Esaú que perdió su primogenitura (Génesis 25.27-34); (2) El caso del rico insensato (Lucas 12.16-21).

¿Qué ganan los familiares del necio?

Estudia los proverbios de la sección correspondiente en el Material de apoyo. De nuevo, busca ejemplos de la vida real. Tú podrías elaborar, quizá con la colaboración de algún miembro de la clase, un pequeño drama basado en un caso real. Desarrolla el libreto considerando el número de participantes de la clase y reconociendo el "don" teatral de algunos de ellos.

Consejos para las trampas del necio

Familiarízate con esta sección en el Material de apoyo. Haz una lista de las cosas que se deben hacer para evitar caer en las redes de la necedad. Sería bueno pensar en tres o cuatro casos de una conducta sabia que podría arruinarse fácilmente con los consejos necios.
Prepárate para invitar a los participantes de la clase a hacer una lista de cosas que la propaganda comercial (televisión, radio, prensa) insinúa como valiosas para la vida, pero que en realidad son consejos necios (los anuncios sobre el cigarro, la cerveza y los licores por ejemplo).

Llamada a la sensatez y la sabiduría

Lee la sección correspondiente en el Material de apoyo. Estudia Génesis 39.1-21 ("José y la esposa de Potifar") y enlista los elementos que ayudaron a José a no caer en una conducta necia. ¿Por qué triunfó José contra la necedad?

Notas

22

1. Abre la reunión pidiendo la opinión del grupo sobre el significado de "necio" y "necedad". A medida que se desarrolle la discusión puedes introducir algunas de las definiciones que encontraste durante tu estudio. Sería bueno pedirle a los participantes que juntos elaboren una definición, no muy larga, a partir de las ideas expresadas durante el diálogo.

Escribe la definición en el pizarrón para que sirva de punto de referencia durante toda la clase: ¿Qué tiene la definición de la clase que no aparece en los proverbios? ¿Qué elementos nuevos van surgiendo en el desarrollo de la clase que deberán agregarse a la definición escrita al comienzo?

2. Divide a la clase en tres grupos para que cada uno estudie una de las tres primeras divisiones sugeridas en el Material de apoyo. Los puntos cuatro, cinco y seis, de la hoja del alumno, tienen la lista correspondiente de proverbios. Que estudien y discutan el tema sugerido por ti y que hagan una lista de observaciones sobre la necedad de acuerdo al libro de Proverbios. Después del tiempo necesario, reúne a los grupos y que cada uno comparta con toda la clase el resumen de la discusión de su grupo. Después del informe de los grupos, tú podrás compartir los resultados de tu estudio personal. Busca siempre ayudar a la clase a expresar ideas prácticas y a encontrar ejemplos de la vida real.

3. Después de esta parte, podrás realizar con algunos miembros de la clase el pequeño drama que preparaste con anticipación. Después de la presentación el grupo podrá discutir sobre el tema y la enseñanza aprendida a través del drama.

4. Elabora, con el grupo, una lista de tareas prácticas que realizarán durante la semana. Sería bueno preguntar al principio de la siguiente sesión cómo la lección de hoy les sirvió durante la semana.

5. Cierra la clase revisando la definición de la clase e invitando al grupo a aprenderla como un recordatorio para el futuro.

EDUCACIÓN 1

Antes de la reunión

Este es un tema bastante extenso, por ello se ha dividido en dos sesiones. Así, tú y los alumnos podrán programar dos encuentros para estudiar y discutir el tema de la educación en Proverbios. El Material de apoyo ha sido dividido en dos fascículos; tú puedes programar las sesiones de acuerdo a los puntos tratados por los fascículos, o bien puedes sentirte libre de dividir el tiempo de las clases como te sea más conveniente.

De nuevo, quisiera recordarte que el Material de apoyo y el Material del maestro, son sugerencias para tu preparación y conducción de la clase. Te invito a que hagas de la clase una verdadera experiencia pedagógica, agregando elementos no incluidos aquí y usando ejemplos de la vida real.

Tú tienes un total de 12 días para preparar tu lección —esto, por supuesto, si la clase se reúne una vez por semana. La siguiente división es una sugerencia de cómo puedes dividir el contenido de la clase para cada una de las dos sesiones.

Día 1 Palabras y conceptos sobre la educación

Estudia Proverbios 1.1-7, haciendo una lista de las palabras que se refieren a la educación. Nota cómo el libro de Proverbios usa estas y otras palabras. El Material de apoyo te ofrece una lista de palabras y sus citas en Proverbios.

Agrega otras palabras que se usan en la actualidad y que no aparecen en la lista del Material de apoyo. Sería bueno que te entrevistes con un maestro de educación primaria y otro de secundaria, para enriquecer la definición de lo que significa educación.

Compara y establece la diferencia entre la educación que se lleva a cabo en el hogar, en la escuela, en la calle y en la iglesia. ¿En qué se parecen o difieren entre ellas? Prepara ejemplos cortos de la vida real. Las dramatizaciones breves son también de gran ayuda.

Es importante que ayudes a los alumnos a establecer una correcta distinción entre la información y la formación como métodos de enseñanza. Aquí se encuentra la diferencia fundamental entre la educación del hogar y la de la escuela. El niño recibe mucha información en la escuela; tiene que aprender cosas de memoria, leer muchos libros y hacer exámenes de los conocimientos adquiridos. En el hogar, en cambio, el niño aprende por el ejemplo de los padres. La educación del hogar no se basa tanto en la acumulación de conocimientos, sino en la adquisición de experiencias y principios morales y espirituales para la vida. La iglesia, por su parte, ofrece una mezcla de ambos tipos de educación. Los puntos que siguen a continuación ayudarán a reforzar el elemento de la educación en el hogar como una experiencia formadora.

Sujetos de la enseñanza

El Material de apoyo habla de tres tipos de sujetos de la enseñanza: los padres, los sabios o maestros y Dios. Estudia los textos citados allí y prepárate a dialogar con los alumnos respecto a las características de cada uno de los tres tipos: ¿Qué y cómo enseñan los padres? ¿Qué y cómo enseñan los maestros? ¿Qué y cómo enseña el Señor?

Es importante notar cómo Esdras 7.10 define al maestro de la Ley de Dios en Israel: "Porque Esdras había preparado su corazón para inquirir la Ley de Jehová y para cumplirla, y para enseñar en Israel sus estatutos y decretos". El maestro estudia y vive el contenido de su enseñanza. Esta es una característica poco común de muchos padres y maestros de la iglesia.

 ## Receptores de la enseñanza

Lee los textos de Proverbios citados en el Material de apoyo y Deuteronomio 6.4-9. Mientras estudias esos textos, mantén en la memoria la pregunta: ¿Por qué es importante que los hijos sean educados para la vida, en el hogar y por sus padres? Piensa en algunos ejemplos concretos de la vida real (positivos y negativos).

Piensa en el siguiente párrafo y, si así lo deseas, hazlo parte del diálogo de la clase:

A diferencia de Estados Unidos y Europa Occidental, en América Latina y otras partes del Tercer Mundo, una gran cantidad de familias están formadas por padres sin formación universitaria —y algunos apenas con primaria— mientras que sus hijos tienen acceso a la universidad y centros vocacionales. De hecho, tan pronto llegan los jóvenes a la secundaria (o colegio), se empieza a sentir la brecha de conocimientos entre los hijos y los padres. Los hijos pronto descubren que sus papás no tienen la respuesta para todas sus preguntas. ¿Cómo puede un padre o una madre seguir enseñando a sus hijos en estas circunstancias? Muchos jóvenes creen que la limitación académica de sus padres es un impedimento para seguir siendo sus guías en la vida. ¿Es esto correcto? ¿Cómo puede la iglesia ayudar a los padres en circunstancias así?

 ## El libro de Proverbios como fuente de enseñanza

El primer estudio de esta serie sirvió para introducir a la clase al libro de Proverbios. Sería bueno hacer un repaso de algunos puntos tratados allí, para considerar cómo Proverbios sirve de fuente para la enseñanza de vida. Puedes preparar algunas formas y métodos en los que tus alumnos pueden usar Proverbios para educar a sus hijos en la fe. Por ejemplo, utilizando la Concordancia, puedes hacer una lista de temas y escoger una serie de proverbios para elaborar junto con la clase un programa de memorización de proverbios. Se puede, inclusive, programar un concurso familiar de memorización de proverbios. Los temas podrían ser: "la pereza y el trabajo", "el poder de las "palabras", "las buenas y malas actitudes", "las amistades" (todos estos son temas tratados en esta serie de estudios).

Día 6 Literatura y ayudas nemotécnicas

Cuando los hijos son pequeños, las mamás —y a veces los papás— son muy creativas aprendiendo y creando cantitos y rimas para enseñar cosas básicas a sus bebés.

26

Varios estudiosos de la Biblia señalan que los Diez mandamientos responden a un principio pedagógico: hay diez mandamientos como dedos hay en las dos manos. Cada mandamiento corresponde a un dedo. En el Material de apoyo hay varios ejemplos tomados del libro de Proverbios.

Notas

1. Introducción: Abre la clase invitando a los alumnos a dialogar sobre los diversos componentes de la educación. Dedica un buen tiempo para discutir la diferencia entre información y formación, y entre la educación en el hogar, la escuela y la iglesia.

2. Sujetos de la enseñanza: Invita a los alumnos a dialogar entre ellos, en parejas o grupos de tres, sobre los tres distintos sujetos de la enseñanza. Hazles las preguntas que aparecen en la sección "Antes de la reunión". Después de unos cinco minutos de diálogo en pequeños grupos, invita a la clase a compartir tu discusión y a aportar ideas. El total de la discusión no deberá llevar más de doce minutos. Este será el momento de considerar lo que Proverbios dice al respecto. Tanto tú como los alumnos deberán estar familiarizados con varios proverbios sobre este tema.

3. Receptores de la enseñanza: Permite que la clase lea en voz alta Proverbios 4.1; 13.1; 15.5 y Deuteronomio 6.4-9. Invita a los participantes a pensar y dialogar a partir de las siguientes preguntas: ¿Por qué es importante que los hijos sean educados, para la fe y la vida, en el hogar y por sus padres? ¿Quién debería evangelizar a los hijos de un hogar cristiano? Ayuda a los miembros de la clase a reconocer el valor de considerar que los padres, antes de ser maestros de sus hijos, deben vivir y practicar lo que enseñan.

4. Método de la enseñanza: Desarrolla con la clase una estrategia de aprendizaje de varios proverbios relativos a distintos temas. Haz un resumen de los elementos característicos de Proverbios, de acuerdo a los datos del primer estudio de esta serie. Si hay tiempo, inicia el tema que estudiaste titulado "Literatura y ayudas nemotécnicas". Lean los proverbios correspondientes e invita a la clase a aportar algunos medios nemotécnicos y pedagógicos para enseñar.

EDUCACIÓN 2

Este material continúa el tema de la educación en el libro de Proverbios. Presenta el material correspondiente al segundo fascículo del Material de apoyo. Lo que sigue son ideas para ayudarte a preparar tu clase y para presentarla el día de la reunión.

Aprendiendo de la naturaleza y de la vida

Lee el punto "C" de la sección sobre El método de la enseñanza en el Material de apoyo (pág. 72). Para preparar esta porción del estudio, y para una buena ayuda visual y auditiva, tú puedes optar, de acuerdo a las circunstancias, entre dos posibilidades:
(1) Invitar a la clase a hacer un corto paseo a un parque o terreno donde haya abundante vida natural (insectos, pájaros, pequeños mamíferos). Quizá sea oportuno planear toda la clase en ese lugar, a menos que se esté cerca del lugar donde acostumbran reunirse. La intención del paseo es invitar a los miembros de la clase a que observen la vida de plantas y animales y saquen algunos ejemplos, positivos y negativos, para la vida humana. (2) Si el grupo no puede visitar algún lugar, prepara recortes de algunos animales o plantas que sirvan de ejemplo para aprender algo para la vida. De nuevo, las fábulas de Samaniego y de Esopo son de gran ayuda. He aquí dos ejemplos de Esopo:

1. *Una comadreja entró en el taller de un cerrajero, habiendo hallado una lima caída en el suelo, se puso a lamerla por todos los lados. Con esto, no tardó en desollarse la lengua y en que le brotara la sangre, pero imaginando, sin embargo, que arrancaría algo a la lima, continuó lamiéndola hasta destruirse completamente la lengua.*

Moraleja: Esta fábula se refiere a aquellos que, por obstinados y testarudos, se perjudican a sí mismos.

2. *Esta fabulilla,*
salga bien o mal,
me ha ocurrido ahora
por casualidad.

Cerca de unos prados
que hay en mi lugar,
pasaba un borrico
por casualidad.

Una flauta en ellos
halló, que un zagal
se dejó olvidada
por casualidad.

Acercóse a olerla
el dicho animal,
y dio un resoplido
por casualidad.

En la flauta el aire
se hubo de colar,
y sonó la flauta
por casualidad.

"¡Oh! —dijo el borrico.
¡Qué bien sé tocar!
¡Y dirán que es mala
la música asnal!"

Sin reglas del arte,
borriquitos hay
que una vez aciertan
por casualidad.

Muchos dichos y refranes, de uso popular, ofrecen enseñanzas importantes para la vida. He aquí algunos ejemplos:

"A la hora de freír frijoles,
manteca es lo que hace falta."

"El que nace pa' tamal, del cielo le caen las hojas."

"Camarón que se duerme,
se lo lleva la corriente."

"Muerto el perro, se acaba la rabia."

28

Es importante que ayudes a los miembros de la clase a aprender a aprovechar lo que la vida diaria ofrece como fuente y medios de enseñanza. Eso es lo más importante que quiere enseñar el libro de Proverbios.

Amonestación y castigo

Lee las secciones correspondientes en el Material de apoyo. Prepárate sobre todo en el tan discutido y controversial tema del castigo corporal en la educación moderna. El libro de Proverbios, como ya lo debes haber descubierto, refleja la cultura semítica, la cual reconoce y acepta el castigo corporal como parte de la educación de los hijos. Muchos padres y maestros contemporáneos aceptan esa práctica, pero muchos otros no. Programa un debate y divide la clase en dos grupos: los que están a favor del castigo corporal y los que están en contra. Invítalos a debatir al respecto, dando los pros y los contras de cada lado. ¿Qué métodos modernos se usan ahora para la disciplina en el hogar y la escuela?

El amor y el gusto por la disciplina

Lee la parte correspondiente en el Material de apoyo. Haz una encuesta entre padres —de tu vecindario, de tu trabajo, de la iglesia— de diversas edades y trasfondos culturales, morales y religiosos. Pregúntales: ¿Qué piensan de la disciplina en la vida? ¿Qué relación existe entre disciplina y orden, entre disciplina y éxito profesional, entre disciplina y un hogar saludable?

Piensa en hogares que has visitado: ¿Existe orden o desorden en ellos? Haz memoria de personas que conoces: ¿Qué lugar ocupa la disciplina y el orden en sus vidas? ¿Cómo inculcar la disciplina y el orden en el hogar?

La vida, fruto de la educación en el Señor

Lee Proverbios 10.17 y 13.14: ¿Qué dicen sobre los resultados de una educación apropiada? Haz dos listas que reflejen los resultados de la educación: la mala y la buena. (1) ¿Qué hace que un muchacho no aprenda a cuidar de su salud física, mental, social y espiritual? ¿Qué prácticas reconoces tú y tu iglesia como dañinas en la sociedad actual? ¿Crees que la televisión es buena o mala propiciadora de buenos ejemplos de vida? (2) ¿Qué actividades educativas y de diversión provee tu ciudad y tu iglesia para que la niñez y la juventud se eduquen para la vida? ¿Qué esperan los padres de sus hijos cuando estos crezcan? ¿Existe una coincidencia entre lo que esperan los padres de los hijos y la enseñanza que les dan en el hogar?

29

Biografías que educan

Invita a tu clase a preparar un proyecto titulado "Vidas ejemplares". Que cada miembro de la clase se responsabilice de escribir o grabar una pequeña biografía inspiradora de algún amigo, compañero de trabajo, familiar, persona prominente en la iglesia o la sociedad. Lo que interesa descubrir es: ¿Qué cosas de la educación en el hogar fueron clave para su formación y logro de una vida ejemplar? Este proyecto podría convertirse en una fuente de información para la iglesia, a través del boletín y otros medios de información.

Notas

30

1. Si decidiste invitar a la clase a un parque o terreno, es importante que todos tengan claro cuál es el propósito de la visita. Sería bueno que les indiques de antemano qué esperas de cada uno de ellos. Por ejemplo, podrías pedirles que al final del paseo, cada uno escriba una pequeña fábula o cuento del ejemplo de conducta, buena o mala, de algún animal o planta que vio en el parque.

Si no pudiste efectuar la visita a algún lugar especial, usa fotografías e ilustraciones de animales y plantas, e invita al grupo a dar ejemplos de cómo esos animales nos enseñan sobre la vida.

Tú podrías leerles las fábulas que aparecen en este material, y compartir con la clase dichos o refranes que muestren cómo la observación de la vida es una gran fuente de enseñanza.

2. Divide a la clase en dos grupos e invítalos a participar en el debate sobre la disciplina en el hogar y el castigo corporal. Cada grupo deberá entender cuál es su responsabilidad y el hecho de que pertenecer a uno u otro grupo no significa que apoyen una u otra postura. El propósito del debate es que el grupo pueda descubrir cuáles son los pros y los contras del castigo corporal o la ausencia de él. Después del debate, todos podrán hacer una lista de los elementos más importantes y elaborar una conclusión para la clase. Los padres de la iglesia que no van a esa clase querrán beneficiarse con la sabiduría de tu grupo.

3. Comparte con la clase dos historias hipotéticas —no reales pero posibles—: una como ejemplo negativo y otra como ejemplo positivo. Ambas deberán tener como base el tema de la disciplina y el orden, o la ausencia de ambos, en el hogar, y sus consecuencias.

4. Comparte con la clase las preguntas del punto cuatro de la sección titulada Antes de la reunión. Permite que los miembros respondan las preguntas y después podrás compartir con ellos lo que escribiste al respecto durante tu preparación de la lección.

5. Invita a cada miembro de la clase a colaborar en el proyecto "Vidas ejemplares". Explícales en qué consiste y cuál es tu propósito.

PEREZA Y TRABAJO

Antes de la reunión

El Material de apoyo está dividido en tres secciones, así que puedes dedicar dos días de preparación para cada sección.

La pereza

Estudia la sección correspondiente en el Material de apoyo. Es muy importante que analices bien los textos bíblicos que se citan allí. Al igual que en los otros estudios, hemos recurrido a varias versiones de la Biblia para ayudarte a comprender mejor el sentido de los proverbios. Siempre es bueno que cotejes los diferentes proverbios con otras versiones para sacar más provecho del estudio. Puedes pedir a diferentes miembros de la clase que lean el mismo proverbio en diferentes versiones. Prepara de antemano, en papel grande y con letras bien visibles, varias versiones de los distintos proverbios citados en el Material de apoyo.

Además de los proverbios bíblicos sobre este tema, te recomendamos que uses otros medios para ampliar y profundizar más en el tema. Los refranes, las canciones, las fábulas de Esopo y Samaniego, los cuentos, pueden servirte de gran ayuda para el desarrollo de tu clase. He aquí algunos refranes sobre el tema de la pereza:

"El perezoso vivirá deseoso."

"Mucho dormir causa mal vestir."

"Gente parada no gana nada."

"Perro parado, no encuentra hueso."

"A mocedad ociosa, vejez trabajosa."

"No se gana gloria y fama metidito en la cama."

"A la pereza sigue la pobreza."

"La abundancia es madre de la vagancia."

Si tú deseas dar rienda suelta a tu creatividad y a la de la clase, sigue el ejemplo de los proverbios y haz una lista de imágenes de cosas, animales, etc., que ayuden a describir y entender mejor al perezoso. El libro de Proverbios habla de "la puerta que gira sobre su bisagra" para hablar del perezoso que gira en su cama. Puedes pensar en el animal conocido como "perezoso", o la fábula de la "hormiga y la cigarra"; esta última se dedicó a cantar todo el verano, mientras que la hormiga trabajaba. Cuando llegó el invierno la hormiga tuvo qué comer, pero la cigarra murió de inanición. Quizá podrías llevar papel y lápices de colores, o pasta para moldear (o cerámica) e invitar a la clase a poner en forma visual su idea del perezoso y de la pereza.

El trabajo y sus virtudes

Lee el Material de apoyo y estudia con cuidado los pasajes que se citan allí. Te recomendamos que analices bien lo que se dice sobre el trabajo en Génesis. Lee esos pasajes teniendo en mente las siguientes preguntas: ¿Es el trabajo resultado del castigo divino? o ¿refleja el trabajo el carácter de Dios? Recuerda que Jesús afirmó que la vocación suya y de su Padre era el trabajo: "Mi Padre hasta ahora trabaja, y yo trabajo" (Juan 5.17). Y Pablo afirmó: "Si alguno no quiere trabajar, tampoco coma" (2 Tesalonicenses 3.10).

Haz una encuesta entre vecinos, amigos y compañeros de trabajo sobre el tema del trabajo. Pregúntales lo siguiente: ¿Es el trabajo un castigo o una bendición divina?

De nuevo las canciones, los refranes, los cuentos y las fábulas de Esopo, te serán de gran ayuda. He aquí algunos refranes:

"De Dios para abajo, cada cual vive de su trabajo."

"No hay mejor lotería que el trabajo y la economía."

"No hay bien estimado sin trabajo."

"El hombre es nacido para trabajar como el ave para volar."

"Tira el buey del arado, mas no de su agrado."

"Si quieres ser dichoso, no estés nunca ocioso."

El trabajo y sus dolores

Lee y estudia los pasajes que se citan en el Material de apoyo. Los pasajes de Génesis, Salmos y Mateo son un excelente apoyo a los Proverbios. Haz una lista de elementos positivos y negativos relacionados con el trabajo. Saca tu conclusión personal de lo que la Biblia enseña sobre el trabajo. De ti y de la clase dependen las conclusiones prácticas para la aplicación de la lección a sus propias vidas.

Las historias de la vida real agregan mayor entendimiento y apelan más a los alumnos. Tú puedes echar mano de ellas, recurriendo a revistas, programas de radio y televisión, o experiencias de personas conocidas. He aquí una corta historia tomada de la vida real:

Aroum es un libanés nacido en el país. Tiene un comercio en el que hay de todo, principalmente electrodomésticos. Abre a las siete de la mañana todos los días, incluidos los domingos. No cierra ni para almorzar. Y así hasta las ocho de la noche. Toda la familia está en el "negocio".

A partir de esta historia u otra similar, tú y el grupo pueden iniciar un diálogo que los lleve a conclusiones prácticas y bíblicas. Este tipo de historias se pueden dramatizar, agregando así mayor realismo y emoción a la experiencia pedagógica.

33

Notas

1. Inicia la reunión haciendo un corto recuento de la clase anterior y de las tareas realizadas por el grupo. Pide algunos testimonios de lo que significó la clase anterior y las aplicaciones prácticas en las vidas de los miembros de la clase.

2. Divide a la clase en tres o cuatro grupos, de acuerdo al número de participantes, e invítalos a aplicar la enseñanza de los proverbios usando imágenes y circunstancias sacadas de la vida real, del mundo animal o aun de los cuentos y fábulas de Esopo o Samaniego. Este es el momento de entregarles papel, lápices de colores y pasta para moldear (o cerámica) para un momento creativo.

Después del trabajo en grupos, une de nuevo a toda la clase e invita a cada grupo a mostrar sus "obras de arte" y a hablar del tema de la pereza a partir de esas obras. Este será el momento en el que podrás compartir con la clase los varios refranes que tienes sobre el tema de la pereza. Si alguien se anima a crear uno, sería bien recibido.

3. Para el tema del trabajo, puedes iniciar esta parte compartiendo historias cortas o relatos sobre las virtudes y cargas del trabajo. Puedes recurrir a la pequeña historia del libanés y aun recitar los refranes sugeridos anteriormente. La historia se podría dramatizar para darle mayor realce a la enseñanza. Después tú podrás mostrar el resultado de la encuesta. A partir de lo anterior, pide que los alumnos compartan los resultados de su estudio personal. Después de que ellos hayan compartido sus ideas, agrega lo que encontraste en tu estudio y haz un resumen de las pautas bíblicas sobre el trabajo.

Quizá algunos miembros de la clase quieran participar contando sus experiencias en el trabajo y cómo sus principios cristianos han chocado o no con el punto de vista de los compañeros no cristianos. Este sería un buen momento para terminar el estudio.

RIQUEZA Y POBREZA

Antes de la reunión

Hemos dividido el material de tal manera que puedas estudiar una parte cada día antes de la reunión.

 ## La justicia

Estudia el Material de apoyo, considerando cada texto bíblico indicado. Es importante que compares los textos de Proverbios con los pasajes de los libros proféticos y de los evangelios. Ayuda a tus alumnos a entender en qué consiste la justicia de acuerdo a la enseñanza bíblica. Hazles preguntas que requieran de respuestas certeras. Por ejemplo: ¿Qué cosas concretas hace nuestra iglesia que muestre su celo por la justicia? ¿Cómo se aplica Proverbios 14.34 a la realidad de nuestro país?

 ## La injusticia

Estudia cada uno de los textos indicados en el Material de apoyo y haz una lista de los elementos que componen la práctica de la injusticia, incluyendo sus consecuencias. Recurre a las historias de la vida real para reforzar la enseñanza.

 ## La riqueza

Para iniciar este estudio, puedes hacer un pequeño estudio de la realidad socio-económica de tu ciudad. Trata de considerar el hecho, llano y simple de la existencia de pobres y ricos, y pregúntate: ¿Por qué se debe condenar lo uno o lo otro? ¿Por qué existen ricos y pobres en nuestra sociedad?

A continuación, estudia el Material de apoyo. Concéntrate en el punto "A" de la sección II (riqueza). Además de los textos de Proverbios, enriquece tu estudio con los pasajes de Génesis y Job. Prepara una pequeña biografía de alguna persona conocida que haya usado su riqueza para el bien.

Continúa el estudio de la riqueza, pero ahora considerando el tema de la riqueza como "maldición". Es el punto "B" de la sección sobre la riqueza. Estudia los varios pasajes de los profetas y del Nuevo Testamento. Considera bien lo que se dice allá y compáralo con los textos de Proverbios. Reflexiona sobre las siguientes preguntas: ¿por qué y cuándo las riquezas son condenables? ¿A qué se debió que Jesús concentró su ministerio proclamando las Buenas Nuevas a los pobres? ¿Conoces a alguna persona que ha producido su fortuna haciendo el mal?

36

La pobreza

Lee en el Material de apoyo hasta el punto "B" de la sección III (pobreza). El material te ayuda a considerar las diferentes causas de la pobreza. Lee cada uno de los proverbios y elabora preguntas concretas a partir de cada uno de ellos. Por ejemplo, para 22.22 tú puedes preguntarte: ¿De qué manera se abusa del pobre en el trabajo? En nuestros países es muy común abusar de las empleadas domésticas, pagándoles poco sueldo, exigiéndoles más horas de trabajo, no proveyéndoles cobertura médica.

Finaliza tu tiempo de preparación estudiando el último tema sobre la pobreza (punto "C" de la sección III en el Material de apoyo, pág. 85). Lee con cuidado cada texto de Proverbios y haz una lista de las virtudes de la pobreza. Enriquece el estudio con refranes conocidos en tu medio. He aquí algunos ejemplos:

"Más vale pobre con honra, que rico en deshonra."

"Bueno aunque sea pobre."

"El saber vale más que el tener."

"Quien buena salud tiene, tiene el mejor de los bienes."

"Más vale riqueza de corazón que riqueza de posesión."

En la reunión

1. Empieza la reunión pidiendo a los miembros que den testimonio de cómo el estudio anterior modificó su conducta: ¿Qué cosas nuevas hicieron que no habían hecho antes? ¿Qué dejaron de hacer como resultado del estudio?

2. Abre el tema del estudio pidiendo a la clase que elabore en conjunto una definición de justicia. Invítalos a que lean varios de los pasajes bíblicos, tanto de Proverbios como de los profetas y evangelios: ¿Qué dice la Biblia sobre la justicia?

3. En relación con el tema de la injusticia, pídeles a los estudiantes que compartan casos concretos, reales o hipotéticos, que ayuden a comprender mejor el tema. Después de un momento, concéntrate en ayudar a la clase a considerar seriamente los funestos resultados de la injusticia. Si deseas apoyarte en un texto bíblico, te recomendamos 1 Reyes 21.1-29.

4. Para la discusión del tema de la riqueza, pide a la clase dividirse en dos grupos. Uno deberá discutir sobre las ventajas y beneficios de la riqueza; el otro, sobre lo negativo de ellas. Da a cada grupo los textos bíblicos correspondientes. Después de unos 15 minutos de trabajo en grupos, invita a la clase a compartir su discusión. Busca siempre que el grupo defina sus ideas y pensamientos a partir de la enseñanza bíblica.

5. El tema de la pobreza podría considerarse, en parte, cuando se estudie el tema de la injusticia. Nos referimos a la sección sobre la pobreza por opresión. Los otros dos puntos: pobreza por pereza o necedad y pobreza por opción se pueden tratar aquí. Invita al grupo a reforzar la enseñanza de Proverbios con historias de la vida real. Recuerda que hay canciones, poesías y refranes, que también pueden ayudar durante la clase.

6. Para finalizar, anima al grupo a hacer decisiones concretas considerando lo aprendido en clase. ¿Qué acciones van a tomar, a nivel individual y grupal, de acuerdo al tema del estudio sobre la justicia/injusticia, pobreza/riqueza? Un primer paso, podría ser el memorizar varios proverbios que tienen que ver con el tema.

37

ACTITUDES 1

Antes de la reunión

El tema de las actitudes es bastante amplio, por ello lo hemos dividido en dos partes (estudios noveno y décimo). Si tu grupo se reúne una vez por semana, tienes doce días para preparar los dos estudios. Los párrafos siguientes son una sugerencia de cómo podrías dividir tu período de preparación.

Días 1-2 El ánimo

Este tema está dividido en cuatro subdivisiones que abarcan los dos principales estados de ánimo del ser humano: la alegría y la tristeza. Estudia esa sección en el Material de apoyo. Lee los proverbios en varias versiones y haz una lista de las distintas formas en que los principales estados de ánimo se manifiestan en el ser humano. Completa esa lista con una serie de causas que producen esos estados de ánimo. Los siguientes pasajes te ayudarán a elaborar la lista: Génesis 4.4-6; 21.1-7; 37.32-35; 1 Samuel 2.1; 2 Crónicas 29.30; Nehemías 2.1-3; 12.43; Ester 8.14-17; Habacuc 3.17-18; Mateo 26.37-39; Lucas 24.17-21; Juan 11.35; Hechos 16.30-34. Tú puedes agregar otras causas, tomadas de tu propia experiencia diaria.

 ## La envidia y la codicia

Estudia estos temas en el Material de apoyo. El pasaje de 1 Reyes 21, sobre la "Viña de Nabot", es un excelente ejemplo sobre la envidia, la codicia y sus terribles consecuencias. Tú podrías buscar otras historias de la vida real contemporánea. La siguiente es una historia que causó furor y consternación:

El 23 de octubre de 1989, Carlos Stuart (de Boston, Massachusetts, Estados Unidos) mató a su esposa embarazada y se hirió él mismo con una pistola; ambos estaban en su vehículo. Stuart informó a la policía que un hombre negro los había asaltado. Sin embargo, las investigaciones posteriores mostraron que Carlos Stuart había matado a su esposa y se había herido —para aparentar un asalto— con el propósito de cobrar cientos de miles de dólares del seguro de vida de su esposa para abrir un restaurante junto con su amante, una estudiante universitaria. El final de la historia es terrible y dolorosa. Cuando se descubrió el crimen, Carlos Stuart se suicidó, arrojándose al río. Y la ciudad de Boston se vio envuelta en una lucha racial sangrienta, por la acusación injusta en contra de un miembro de la comunidad negra.

El orgullo

Estudia el tema en el Material de apoyo. Analiza con detenimiento la definición que se ofrece y escribe una corta definición del significado especial de cada una de las palabras sinónimas.

Esta sección incluye, además del orgullo, el tema de la adulación o lisonja. El diccionario define así la adulación: "Alabar a alguien con exageración, insinceramente o por servilismo". Puedes completar estas ideas agregando palabras que se usan comúnmente para referirse al adulador. En América Latina se usan varias palabras: "chupamedias", "barbero", "brocha", "sobaespaldas", "sapo". Hay varios refranes que sirven de ayuda; he aquí un ejemplo:

"Quien te alaba, te engaña."

Tú podrás escribir una pequeña historia sobre estos temas, a partir de personas que conoces, en el trabajo, el vecindario, la vida política, etc.

 ## Los celos

Este tema aquí se restringe al sentimiento negativo que se da entre las parejas —esposos o novios. Lee los proverbios citados en el Material de apoyo. De seguro, no te será difícil recordar o elaborar historias relacionadas con este tema.

El tema del egoísmo está en relación con los anteriores y sólo se trata aquí de manera escueta. El Material de apoyo explica, en un párrafo, en qué consiste.

 ## La impulsividad

Estudia la sección relacionada en el Material de apoyo. A partir de los proverbios citados allí y de tu propia experiencia, desarrolla un perfil del individuo impulsivo. Si puedes conseguir la presencia de un psicólogo, sería magnífico que lo invites a hablar al grupo sobre el problema de la impulsividad como trastorno emocional. Este es un problema propio de la infancia y la adolescencia, por lo cual los padres deberán estar atentos a reconocer cuando la impulsividad tiene rasgos enfermizos.

En la reunión

1. Puedes desarrollar el tema del ánimo, invitando a varios de los miembros de la clase a leer en voz alta los textos indicados en la sección correspondiente de este material. Después de la lectura de los textos y de los proverbios, puedes pedir a la clase que elabore una lista de los estados de ánimo y las causas que los producen. Puedes cerrar esta parte leyendo lo que el apóstol Pablo dice sobre los frutos del Espíritu Santo (Gálatas 5.22-23).

2. Con respecto a la envidia y la codicia, puedes pedir al grupo que señale las semejanzas y diferencias entre ambas ideas. Después léeles 1 Reyes 21 y la historia sobre el "Asesinato en Boston" o cualquier otra historia semejante. Pídeles, seguidamente, que expresen sus opiniones sobre el tema en cuestión, a partir de esas historias. Lean, entonces, las citas de Proverbios y saquen conclusiones bíblicas sobre el tema. Pregunta a los miembros del grupo cómo entienden las prohibiciones del décimo mandamiento (Éxodo 20.17).

3. Para el desarrollo del tema del orgullo, pide a los miembros de la clase que digan palabras que describan el orgullo y al orgulloso. Si hay buenos "actores" en la clase, pídele a alguno de ellos que personifique (imitando) a ese tipo de personas a medida que se dicen las palabras descriptivas. Lean los textos de Proverbios e invita a la clase a enlistar las diferentes lecciones obtenidas de Proverbios. Comparte con la clase los resultados de tu propio estudio.

4. Para los temas de los celos y el egoísmo, puedes compartir directamente con la clase el material preparado de antemano.

5. Finalmente, presenta el tema de la impulsividad, pidiendo al grupo que dialogue sobre sus causas, manifestaciones y consecuencias. Si invitaste a un psicólogo, este es el momento de escucharlo.

Deberás considerar siempre que los miembros de la clase han tenido la oportunidad de preparar el tema o los temas de la sesión, por ello, deberás darles tiempo para compartir sus descubrimientos y sus dudas o preguntas. Además, será bueno que les indiques que esta lección sólo abarca los aspectos negativos del tema de las Actitudes, ya que la siguiente clase considerará la segunda parte del estudio.

Notas

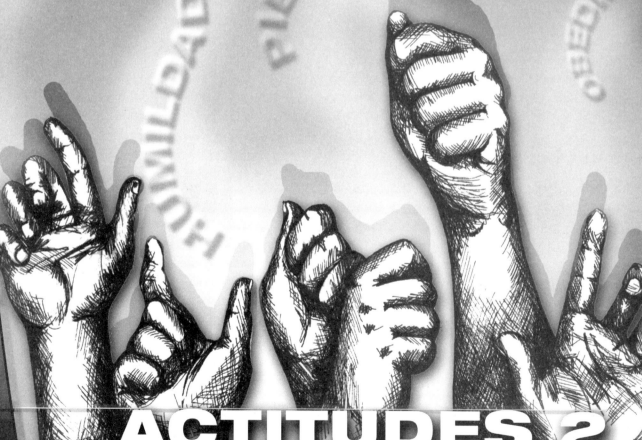

AMOR

ALEGRIA

LEALTAD

PIEDAD

HUMILDAD

OBEDIENCIA

ACTITUDES 2

Antes de la reunión

Al preparar esta lección mantén en oración a cada miembro de tu clase. Los temas expuestos en este estudio se prestan de manera especial para la conversión de quienes no son creyentes, y para la reconsagración de quienes ya lo son. Puedes preparar la clase de tal manera que, además de ser un ejercicio de aprendizaje y estudio, sea también un momento de encuentro con el Señor y consagración a él.

El conocimiento de Dios

Este tema aparece constantemente en la Biblia. Los textos de Proverbios presuponen la enseñanza total de la Biblia y la manera en la que los hebreos lo entendían. El verbo "conocer" en la Biblia no sólo se refiere al proceso intelectual y externo de conocer a alguien o saber sobre él, sino al grado de intimidad en las relaciones interpersonales, lo cual involucra la participación en la vida del otro, en la simpatía y empatía, y en la solidaridad y compromiso con el otro. El Salmo 139 define el grado de conocimiento que Dios tiene de nosotros; y Génesis 4.1 describe las relaciones íntimas entre esposo y esposa como una acto de "conocimiento".

De acuerdo a la enseñanza bíblica, conocer a Dios no es sólo saber que existe Dios, sino comprometerse con él y vivir de acuerdo a su voluntad: aceptar su pacto, reconocer sus obras, darle gloria y obedecerle.

Un repaso de la literatura profética y juanina nos define de manera clara en qué consiste ese conocer a Dios. De acuerdo al profeta Oseas (4.1-3), el conocimiento de Dios se muestra en la fidelidad absoluta a él y en el abandono de la falsedad, la mentira, el asesinato, el robo, el adulterio y la violencia. Y Jeremías (22.15-16) lo hace más concreto al decir de Josías: "Tu padre gozó de la vida; pero actuaba con justicia y rectitud, y por eso le fue bien. Defendía los derechos de los pobres y oprimidos, y por eso le fue bien. Eso es lo que se llama conocerme. Yo, el Señor, lo afirmo." El Evangelio según San Juan declara que el conocimiento verdadero de Dios se logra sólo a través de Jesucristo (Juan 1.17-18); y la primera carta de San Juan (4.7-21) confirma que la esfera desde donde Jesucristo nos lleva al conocimiento de Dios es el amor, mostrado concreta y genuinamente a los demás.

Lee ahora lo que el Material de apoyo dice sobre el tema del conocimiento de Dios en el libro de Proverbios.

 ## El buscar a Dios

El tema del conocimiento de Dios está íntimamente relacionado con el de buscar a Dios. Isaías 55.6-7 dice: "Buscad a Jehová mientras puede ser hallado, llamadle en tanto que está cercano. Deje el impío su camino, y el hombre inicuo sus pensamientos y vuélvase a Jehová, el cual tendrá de él misericordia, y al Dios nuestro, el cual será amplio en perdonar".

La búsqueda de Dios no es otra cosa que dejar todo tipo de idolatrías y ser totalmente fiel a Dios. Sólo eso asegurará la vida: "Así dice Jehová... Buscadme y viviréis" (Amós 5.4; cf. v.6; Salmo 69.32). Buscar a Dios significa, entonces, convertirse a él y apartarse del mal. Por ello, el Salmo 1 dice que el justo no anda en el camino de los malos, no se detiene en la senda de los pecadores, ni se sienta en la silla de los burladores. En lugar de eso, medita en la palabra de Dios. Y eso es exactamente lo que enseña el libro de Proverbios. La obediencia y práctica de la voluntad de Dios excluye la práctica del mal; ambas no pueden estar juntas. ¿Qué implicaciones tiene esta afirmación para nuestra vida cristiana actual?

 ## El temor de Dios

Estudia este tema en el Material de apoyo. Es importante que tú tengas clara la definición de esa expresión para ayudar a la clase a entenderla cada vez que la encuentre en la Biblia. Un buen ejercicio sería que hagas la siguiente pregunta a varias personas, dentro y fuera del ámbito cristiano: ¿Cómo entiendes la frase "el temor de Dios" o "temor a Dios"? Esto te permitirá descubrir cuántos malentendidos hay acerca de esta enseñanza clave de la Biblia. En la exposición de la clase debes asegurarte de que los alumnos tienen bien claro que para quienes han aceptado a Cristo como Salvador y viven de acuerdo a sus enseñanzas, el "temor de Dios" no significa miedo a Dios, sino obediencia, en confianza, a su palabra.

 ## La confianza en Dios y la esperanza

Ambos temas se pertenecen. Sin confianza no puede haber esperanza. Para ayudar a la clase a entender mejor el tema de la confianza, puedes recurrir al ejemplo de los bebés y su relación con sus padres. El bebé es sinónimo de plena confianza: "depende las 24 horas de sus padres". Sin ellos, moriría. Mateo 6.25-34 expone de manera clara en qué consiste la confianza en Dios.

Para el tema de la esperanza, puedes recurrir al mejor ejemplo que nos da la Biblia: Abraham. Acerca de él, dice el apóstol Pablo así: "El creyó en esperanza contra toda esperanza... Y no se debilitó en la fe al considerar su cuerpo, que estaba ya como muerto (siendo de casi cien años), o la esterilidad de la matriz de Sara. Tampoco dudó, por incredulidad, de la promesa de Dios, sino que se fortaleció en fe, dando gloria a Dios, plenamente convencido de que era también poderoso para hacer todo lo que había prometido" (Romanos 4.18-21). ¿Qué significa esto para nosotros hoy? La mayoría de nosotros, si no todos, mantiene la esperanza siempre y cuando no haya cosas que nos debiliten la fe. Sólo creemos cuando hay circunstancias que apoyan la fe. La esperanza se alimenta contra las circunstancias; cuando todo parece que está perdido, aparece la fe, al estilo de Abraham; es decir, el momento de confiar totalmente en Dios. Ayuda a tus alumnos a entender este aspecto de la fe y de la esperanza.

Día 5 La vida en el camino

Estudia la sección así titulada en el Material de apoyo. Considérala como conclusión de todo lo aprendido en este estudio, y de hecho de todas estas lecciones basadas especialmente en el libro de Proverbios. Al estudiar este tema pregúntate una y otra vez: ¿Qué significa caminar en los caminos de Dios aquí y ahora, en el país en que vivo? ¿Qué significa, concretamente, salirse del camino de Dios? ¿Qué cosas y prácticas de la sociedad actual manifiestan un alejamiento de los caminos de Dios?

Día 6

Dedica este día a la oración y a la intercesión por cada miembro de la clase. Ora por ellos, por sus familias, por sus circunstancias de trabajo. Pídele a Dios que les dé un corazón receptivo para aprovechar bien las enseñanzas de la clase.

Notas

En la reunión

Quizá en esta ocasión, más que en las otras, tú como maestro deberás tomar una actitud más pastoral y llevar paso a paso a la clase por los distintos temas de estudio. Asegúrate, antes de cambiar de tema, que todos han entendido la explicación anterior. Recuerda la necesidad de ofrecer consejos prácticos y concretos. Para ello, apóyate en testimonios de la vida real. Usa ejemplos y más ejemplos.

Termina la clase invitando a cada participante a entregarse totalmente al servicio del Señor. Si hay alguien que no conoce al Señor, este es el momento de invitar a esa persona a aceptar la oferta de salvación y entregarse al Señor.

MATERIAL DE APOYO

EL LIBRO DE PROVERBIOS
primer estudio

 **Introducción**

Una lectura más o menos cuidadosa del libro de Proverbios nos señala que este libro no fue producido por un sólo escritor. A diferencia de una narración —que se lee siguiendo una secuencia de principio a fin (por ejemplo Rut o Ester)—, Proverbios es una colección de refranes y de algunos trozos poéticos más extensos (por ejemplo, los capítulos 1-9 y la poesía del capítulo 31.10-31) que se pueden leer como unidades separadas.

El libro de Proverbios contiene varios títulos: *"Los proverbios de Salomón hijo de David"* (1.1); *"Los Proverbios de Salomón"* (10.1); *"Las palabras de los sabios"* (22.17); *"Dichos de los sabios"* (24.23); *"proverbios de Salomón, los cuales copiaron los varones de Ezequías"* (25.1); *"Palabras de Agur"* (30.1); *"Palabras del rey Lemuel"* (31.1).

Según estos títulos existen por lo menos siete colecciones en el libro de Proverbios. A éstas hay que agregar el poema sobre la mujer perfecta (31.10-31).

Aunque no se puede generalizar, cada sección presenta ciertas características distintivas. Los capítulos 1--9 son exhortaciones dirigidas sobre todo a los jóvenes; en ellos aparece constantemente la frase *"hijo mío"*. *"La sabiduría"* y *"la insensatez"* aparecen como damas (se personifican). En los capítulos 10-15 aparece, vez tras vez, la palabra *"pero"* para unir las dos líneas que componen los proverbios o refranes. En los capítulos 16.1-22.16 la conjunción *"y"* aparece con la misma función. Los capítulos 22.17-24.22 presentan una interesante similitud con una obra egipcia llamada *"La instrucción de Amenemope"*. Del mismo modo, 24.23-34 es una corta colección con paralelos extra-bíblicos. En los capítulos 25-29 los proverbios coleccionados allí ofrecen sobre todo comparaciones; la palabra *"como"* se repite una y otra vez. En el capítulo 30 encontramos dos cortas colecciones: 30.1-14 son las palabras de Agur y en 30.15-33 hay una serie de proverbios numéricos (por ejemplo *"cuatro cosas son..."*). El capítulo 31 está dividido en dos partes: Exhortaciones al rey Lemuel contra las mujeres y el vino (v. 1-9); y un poema acróstico que alaba a la esposa virtuosa.

Los proverbios o refranes ocupan la mayor parte del libro, y serán la base de esta unidad de lecciones. Por ello, deseamos invitar al lector a conocer un poco más sus características:

En español esta forma literaria se conoce también como refrán, máxima, dicho, aforismo o sentencia. Su característica esencial es fácilmente reconocible. Es una forma del habla humana que consta, por lo general, de dos líneas paralelas. Estas pueden presentar una simple aseveración, una declaración antitética (opuesta) o una máxima en forma de mandato. Los proverbios ofrecen ilustraciones, comparaciones y a veces enigmas. Presentan una idea o principio en forma bien comprimida, pero completa.

Los proverbios o refranes demuestran de sus *"autores"* una capacidad inherente para la observación y la experiencia. El ojo avizor y el oído agudo permiten descubrir las leyes y el orden de las cosas, de la naturaleza y de la vida. Por ello los proverbios presentan, en la primera línea, un hecho indiscutible de la naturaleza, o un evento ya probado, y en la segunda línea, la enseñanza o desafío para la vida humana: *"Sin leña se apaga el fuego, y*

donde no hay chismoso, cesa la contienda" (26.20); *"el hierro afila al hierro, el hombre el perfil de su prójimo"* (27.17).

Debido a que los proverbios o refranes son una entidad en sí mismos, y contienen una verdad particular encapsulada en ellos, no se da un movimiento o fuerza que los una uno al otro. No se pueden reducir a una teoría o fórmula. No se pueden estructurar en forma de una doctrina o sistematizar en forma de ideas filosóficas. Los proverbios señalan la apertura y la relatividad de la sabiduría. Cada proverbio ofrece un aspecto de la vida y de la sabiduría humana; no pretende agotar la verdad. Así, cuando un proverbio intenta corregir un aspecto de la vida, no le interesa demostrar la verdad o falsedad de otro proverbio. La razón es sencilla, ningún proverbio posee la verdad absoluta. El proverbio examina el mundo que lo rodea para discernir sus secretos. Al efectuar ese examen permite que cada elemento encontrado se mantenga en su propio carácter particular. Por ello muchos proverbios parecen contradecir a otros: *"a boca cerrada no le entran moscas"*; *"el que boca tiene, a Roma llega"*. Y hay que reconocer que esta aparente contradicción e incongruencia se convierte en la regla (por ello existen tantos y tan variados refranes y proverbios). El proverbio dice su verdad y respeta la verdad de los otros. Las contradicciones sólo muestran que la vida humana es compleja y variada y que el consejo que hoy le sirvió a "Pedro", no le dice nada a "Juan" mañana. La sabiduría, como la vida, siempre queda abierta y nunca llega a un punto final. Ella misma está abierta a corrección.

Los proverbios afirman una cosa esencial de la tradición sapiencial: si la sabiduría es una tarea enteramente humana, ella es pues tan finita y abierta a nuevos hallazgos como lo es la vida del hombre.

 ## Estructura y teología del libro

Las secciones que componen las máximas o proverbios (10-29) tienen una orientación más secular al referirse a las experiencias de la vida humana. Los temas que tratan, abarcan las diversas y variadas áreas de la vida cotidiana.

Los capítulos 1-9 están formados, sobre todo, de trozos poéticos dedicados a resaltar el valor de la sabiduría y la necesidad de obtenerla a todo costo. En estos capítulos se le da más espacio a la reflexión sobre la acción divina en la vida de los individuos. Dios es presentado, principalmente, como origen y dador de la sabiduría. Estos capítulos han dejado a un lado el sabor secular de la vida y se inclinan más hacia el lado de lo sagrado. Estos capítulos presentan, de manera general, una reflexión sobre la vida. Además, sin dejar de lado la responsabilidad humana de obtener la sabiduría y de vivir de acuerdo a ella, estos capítulos subrayan el hecho indiscutible de que la vida y la sabiduría proceden de Dios, y es a él a quien finalmente hay que dar cuentas de lo hecho y lo no hecho.

La clave para comprender las intenciones teológicas del autor, puede empezar a captarse con la ayuda de la pregunta: ¿Cómo entender la participación de Dios en un mundo que cada día pareciera estar más y más bajo el dominio del hombre?

Israel aprendió a hacer algo que nosotros hacemos hoy día (aunque a menudo no nos damos cuenta de ello o no lo queremos aceptar): enriquecerse y beneficiarse con las tradiciones de otras naciones y culturas. Los israelitas importaron para sí ideas y prácticas pertenecientes a otros pueblos. Pero las transformaron de tal manera que éstas ya no sirvieran a los intereses paganos, politeístas e idólatras de aquellos pueblos y sus dioses, sino para la gloria de Dios y el beneficio del pueblo. Los egipcios tenían un canto a Atón (el disco solar) que se parece mucho al salmo 104. El relato del diluvio tiene un buen número de temas paralelos con la "Épica de Gilgamesh", un poema de hace cerca de 4000 años, proveniente de Sumer (Mesopotamia). El relato de la creación mantiene interesantes contactos con el relato babilónico llamado "Enumah Elish", de 4000 años atrás aproximadamente.

Los cristianos de los primeros siglos hicieron lo mismo. La fecha con la que ahora celebramos la Navidad coincide con una fiesta pagana; la iglesia la adoptó y la "cristianizó". El domingo, día de la resurrección de nuestro Señor, era el día en que, en el paganismo, se honraba al sol y al emperador. El problema no está en adoptar y transformar prácticas y conceptos definidos como "mundanos" para uso de la iglesia y la comunidad de fe. El peligro se presenta cuando permitimos que estos y otros elementos esenciales de nuestra fe se conviertan en instrumentos que el mundo utiliza para mal. Hoy el mundo usa la Navidad para desatar una ola de consumismo y de prácticas totalmente ajenas a la fe bíblica.

Hoy el mundo utiliza la Semana Santa para mostrar un estilo de vida ajeno al propuesto por el sacrificio de Jesucristo. Hemos permitido que el mundo se apropie de nuestras tradiciones sagradas y hemos pecado al no tomar los descubrimientos y prácticas del mundo que transformadas y "convertidas" pueden enriquecer la vida y la fe de la iglesia. Pero en ningún caso deberemos permitir que ellas desplacen los valores esenciales de nuestra fe. En Estados Unidos, por ejemplo, se celebra más la llegada de la primavera y el conejito y los huevos de pascua, que la muerte y resurrección de Jesucristo.

Pues bien, lo que Israel hizo con la tradición sapiencial se convierte en desafío para nosotros hoy. Ellos tomaron los proverbios y máximas tanto de sí mismos como de otros pueblos y los integraron para enriquecer el legado literario y educacional de su fe y de su cultura. Nos interesa ver esto más claro porque la tradición sapiencial es lo más secular y "ajeno" a lo propiamente religioso que aparece en los libros de la Biblia. Es algo así como cuando aplicamos las teorías pedagógicas y psicológicas más modernas, para estructurar y desarrollar nuestro programa educativo de la iglesia. El libro de Proverbios nos enseña a tomar lo mejor del mundo que nos rodea, para mantener siempre actualizados nuestros métodos de enseñanza, disciplina, evangelización y proclamación.

Por ello, podemos afirmar sin temor, que el libro de los Proverbios nos hace llegar a Dios por un camino más a la mano del hombre. Nos lleva a los primeros capítulos del libro de Génesis para recordarnos qué quiso Dios del ser humano. Dios creó un universo ordenado (cosmos) y colocó allí al ser humano (hecho a su imagen y puesto como virrey de la creación) para que lo siga "creando" y se beneficie de él. En los pasajes de la creación encontramos, sobre todo, a Dios como quien prepara todo, lo deja listo y trae al hombre y a la mujer y les ordena tomar el mundo bajo su responsabilidad:

Y los bendijo Dios, y les dijo: Fructificad y multiplicaos; llenad la tierra, y sojuzgadla, y señoread en los peces del mar, en las aves de los cielos, y en todas las bestias que se mueven sobre la tierra.

Y dijo Dios: He aquí que os he dado toda planta que da semilla, que está sobre toda la tierra, y todo árbol en que hay fruto y que da semilla; os serán para comer. Y a toda bestia de la tierra, y a todas las aves de los cielos, y a todo lo que se arrastra sobre la tierra, en que hay vida, toda planta verde les será para comer. Y fue así.

Y vio Dios todo lo que había hecho, y he aquí era bueno en gran manera. Y fue la tarde y la mañana el día sexto (Génesis 1.28-31).

En el capítulo 2 de Génesis, el autor sagrado señala claramente que el jardín produciría frutos sólo si la "mano" de Dios y la del hombre estuvieran presentes:

... porque Jehová Dios aún no había hecho llover sobre la tierra, ni había hombre para que labrase la tierra... Tomó, pues, Jehová Dios al hombre, y lo puso en el huerto de Edén, para que lo labrara y lo guardase. Y mandó Jehová Dios al hombre, diciendo: De todo árbol del huerto podrás comer... (Génesis 2.5, 15-16).

El libro de Proverbios, siguiendo el ejemplo de los pasajes de Génesis, considera al ser humano como el primer responsable de este mundo. Dios le ha puesto en las "manos" las "herramientas" necesarias para mantener este mundo en perfecta salud y armonía. El hombre ya no tiene que pedir a Dios los elementos para ordenar y proteger a este mundo. Todo lo tiene a las manos, como dice Shakespeare: "los recursos que pedimos al cielo, se hallan muchas veces en nuestras manos".

Proverbios mira al ser humano como responsable y capaz de hacer de este mundo un mundo ordenado; y afirma que este planeta es el lugar donde hombre y mujer obtienen los elementos y las pautas para vivir. Dios ha confiado al ser humano su mundo, cree en él, arriesga su mundo con él y se mantiene con él aun en sus fracasos.

Proverbios enseña una sabiduría que saca al individuo de la sapiencia como conocimiento teórico y lo invita a desarrollar la capacidad de vivir cada día con cordura, responsabilidad y libertad. Enseña, además, a levantar en cada persona la dignidad propia y la autoestima. En la sabiduría de Proverbios no hay lugar para el pusilánime ni el apático; pero tampoco lo hay para el orgulloso y prepotente. Presenta a la persona humana como Dios la ha querido: responsable y libre.

Proverbios sabe que el hombre no puede lograr eso solo; por ello, nos da la enseñanza de los capítulos 1-9 y de la frase "el temor del Señor", que se repite en varias partes del libro. El ser humano ha sido colocado como señor responsable de este mundo. Pero Dios sigue siendo el soberano y último señor de todo. La libertad de todo hombre o mujer halla su límite en Dios (16.1,2; 19.21; 20.24; 21.30,31). La criatura humana aprende a vivir en este mundo con la convicción de que existen cosas que no conoce. Puede elaborar los planes más exactos y seguros posibles; pero Dios tiene la última palabra. Ahora, esto no va en detrimento de la persona humana pues de este modo Dios puede protegerla incluso de sus planes equivocados.

El ser humano aprende, también, que su actuar siempre debe permanecer abierto a la actividad de Dios; es decir, a aquellos acontecimientos que sobrepasan todo cálculo humano. No importa qué tan confiable sea la sabiduría utilizada en una actividad dada, el individuo debe saber que detrás de ella existe un ser superior a él. Y de nuevo, estas limitaciones no son detrimentos, son libertad; enseñan humildad, dependencia y confianza.

El que es sabio es humilde. Por ello la otra limitación del hombre es la soberbia (16.12; 27.1; 28.26; 3.5 y 7). El hombre es un ser inacabado y en formación. En virtud de lo anterior, responsabilidad y libertad nunca son equivalentes a soberbia y libertinaje. Nunca el "sabelotodo" y el individualista podrán llamarse sabios.

PALABRAS
segundo estudio

Las palabras en sí no son buenas ni malas.
Lo bueno o malo de ellas depende del uso que se les dé.

⬧ Las que causan daño

A. Los chismes

Una verdad mal usada puede acarrear problemas y resultados catastróficos. A la verdad dicha con mala intención, fuera de lugar y tiempo, y sin razón, se le conoce como chisme. El chismoso por lo general no es mentiroso, pero peca de mentiroso cuando no investiga la procedencia de las "palabras" y las suelta sin responsabilidad.

1. Al chismoso no se le puede confiar un secreto:

El chismoso todo lo cuenta;
el discreto guarda el secreto (11.13, VP).

El chismoso no sabe guardar un secreto,
así que no te juntes con gente chismosa
(20.19, VP).

2. El chismoso, por lo general no logra enjuiciar críticamente lo que dice. Por ello, el chisme es más bien propiedad de los necios:

Es de mentirosos disimular el odio,
es de necios divulgar chismes (10.18, VP).

3. El chismoso, por irresponsable y falto de sensatez, destruye las relaciones de amistad:

El hombre perverso levanta contiendas,
el chismoso aparta a los mejores amigos
(16.28).

4. Es necesario estar bien alertas para no dejarse enredar en los lazos del chisme. El chisme es muy sutil pues viene disfrazado con máscara de noticia informadora y con aparente buena intención ("te digo esto de fulanita, pero no se lo digas a nadie; es para que la ayudes, si puedes"):

Los chismes son como golosinas,
pero calan hasta lo más profundo
(18.8; 26.22, VP).

5. La mejor manera de acabar con un chisme es pararlo en seco y confrontar amablemente al que lo trae y lo lleva:

Sin leña se apaga el fuego,
y sin chismes se acaba el pleito (26.20, VP).

B. La falsedad

La mentira difiere del chisme desde su raíz. Todo su recorrido, desde quien lo dice hasta quien lo recibe, está señalado por la falsedad y con ello se muestra el propósito claro de herir o de sacar provecho de algo, o de encubrir un hecho real. Proverbios dice que la mentira está en boca de los: "malvados" (16.27, VP), "depravados" (6.12-14, NBE), "tramposos" (4.24, NBE), "embusteros" (12.22, NBE).

1. Varios proverbios señalan las acciones de los mentirosos:

El testigo falso se burla de la justicia;
el malvado lanza maldad por la boca
(19.28, VP).

El malvado es un horno de maldad;
¡aun sus palabras parecen
llamas de fuego! (16.27, VP).

Es hombre depravado y malvado el que
emplea palabras tortuosas, guiña el ojo,
menea los pies y señala con el dedo;
piensa desatinos y planea maldades y
siempre está sembrando discordias
(6.12-14, NBE).

Según estos proverbios, del hombre de falsedad sólo provienen burlas, maldad, pleitos y destrucción.

2. La mentira, al fin de cuentas, no trae ningún beneficio. Quien la dice sólo obtiene sufrimientos y rechazos:

Al hombre le gusta alimentarse de mentiras,
aunque a la larga le resulte
como bocado de tierra (20.17, VP).

El testigo falso no quedará impune,
el que suelta mentiras no se libra
(19.5, NBE; cf. 19.9).

El Señor aborrece el labio embustero,
el hombre sincero obtiene su favor
(12.22, VP).

La lengua mentirosa, es contada entre las siete
cosas aborrecidas por el Señor (cf. 6.16-19).

3. El consejo final de Proverbios sobre la mentira, es contundente:

Aparta de ti la lengua tramposa,
aleja de ti los labios falsos (4.24, NBE).

C. Existe otro tipo de palabras que no son del todo chisme, ni tampoco mentira. Es mezcla de ambos; lo que el poeta y compositor argentino, Alberto Cortez llama *"mezcla de avispa con alacrán"*. Al que generalmente las dice no se le puede tildar como chismoso o mentiroso. Es más bien el charlatán; el que juega con los sentimientos del otro; el que no sabe hasta dónde llegan los límites; el falto de tacto. Estas palabras pueden ser ocasionadas por diversas circunstancias:

1. Quien en el calor de una disputa profiere palabras que enardecen más al otro:

> La palabra áspera hace subir el furor
> (15.1b, RVR-60).

2. Quien habla más de la cuenta. Aquel cuya lengua se mueve más rápido que sus pensamientos y deja correr por su boca cosas buenas y malas:

> El charlatán da estocadas,
> la lengua juiciosa sana (12.18, NBE).

3. Hay otros que se la pasan de aduladores, los "barberos", los "chupamedias", los "brochas". Estos con buena o mala intención también destruyen al prójimo:

> Baño de plata sobre olla de barro son las palabras suaves que llevan mala intención (26.23, VP).

> El que adula a un amigo tiende una red ante sus pasos (29.5, NBE).

Las que construyen

A. La palabra dada en la verdad y la mejor intención produce resultados positivos y beneficiosos. He aquí un florilegio de proverbios. ¡Qué excelente aroma destilan!:

> Quien dice la verdad declara
> con justicia (12.17a, NBE).

> De la lengua de los sabios brota
> sabiduría (15.2a, VP).

Los labios del sensato destilan experiencia (15.7a, NBE).

Labios honrados apacientan a muchos (10.21a, NBE).

En los consejos del hombre de paz hay alegría (12.20b, VP).

La lengua juiciosa sana (12.18b, NBE).

La boca del justo es manantial de vida (10.11a, NBE).

B. La palabra no sólo debe decirse en verdad y buena intención, también es necesario decirla con tacto y precaución. Quien es sabio y sensato sabe qué decir y cuándo hablar. Quien puede manejar bien su sentido común y un poco de sensibilidad hacia el prójimo, también conoce las palabras "tacto" y "comedido". Para esta cualidad el libro de los Proverbios ha escogido una de las máximas más bellas que se puedan escuchar:

Una palabra en el momento oportuno es una manzana de oro incrustada en plata (25.11, VP).

La buena palabra es sagrada y costosa; sus efectos y beneficios siempre buscan el mejor momento y apuntan al resultado positivo. El proverbista aprecia al que habla con sensatez y tacto, no así al parlanchín:

¡Qué alegría es saber responder,
qué buena es la palabra oportuna!
(15.23, NBE).

Saber responder y hablar en el momento oportuno no sólo causa alegría al que lo hace, sino que también produce la mejor sensación y emoción en el que la recibe:

La respuesta bien dada es beso en los labios
(24.26, NBE).

¿Cuándo y cómo actúa la palabra oportuna?:

1. En los momentos más críticos de una discusión:

La blanda respuesta quita la ira;
mas la palabra áspera hace subir el furor
(15.1; cf. 20.3).

2. Esta suavidad de palabras no sólo es beneficiosa en los momentos difíciles de una acalorada discusión; es necesaria en toda ocasión. Ella muestra la limpidez del corazón de quien profiere estas palabras:

La lengua amable es un árbol de vida
(15.4a, VP).

Las palabras dulces son un panal de miel:
endulzan el ánimo y
dan nuevas fuerzas (16.24, VP).

Por ello las palabras suaves y reconfortantes son las más recomendadas para el alma quebrantada:

La angustia del corazón deprime,
una buena palabra reanima
(12.25, NBE).

Este tipo de palabras son también efectivas cuando se desea obtener algo importante:

La paciencia calma el enojo;
las palabras suaves rompen la resistencia
(25.15, VP).

C. El secreto de la buena palabra es la adquisición de la sabiduría y la sensatez. Ellas no vienen gratuitamente; se aprenden en el diario andar de la escuela de la vida:

Hijo mío, si te haces sensato yo me alegraré
sentiré un gozo entrañable cuando tus labios
hablen con tino (23.15-16, NBE).

Las palabras de un hombre
son agua profunda, arroyo que fluye,
manantial de sensatez (18.4, NBE).

Nota: Proverbios provee una buena cantidad de imágenes para describir la buena palabra:

agua fresca, arroyo, manantial (18.4; 25.25)

anillo y collar de oro (25.12, VP)

panal de miel (16.24)

beso a los labios (24.26, NBE)

manzana de oro incrustada en plata (25.11, VP)

¡Qué adornos más preciados para un hombre sensato!

D. A la palabra veraz y oportuna se agrega una cualidad muy difícil de obtener para muchos de nosotros: saber callar. El hombre sensato y sabio no sólo habla con tacto, también sabe callar en el momento adecuado. Es sencillamente notorio descubrir cómo la sabiduría antigua, no sólo la de Israel, sino también la de Egipto y Mesopotamia, se preocupó por exaltar y enseñar el arte de saber callar. En la actualidad la situación ha cambiado drásticamente. Como muestra, un botón: en los grupos de jóvenes (y a veces en los de las damas) llegan a ser presidentes los que más hablan y conversan, aunque después hagan muy poco por el grupo. Saber hablar es muy importante; pero saber callar, es mejor.

El libro de los Proverbios califica al que sabe callar como discreto y prudente (11.13, VP; 10.19, NBE; 17.28, NBE). Hay dos proverbios que nos ayudarán a reconocer el valor de saber callar; ambos se preocupan por el cuándo sí y el cuándo no:

El que contesta antes de escuchar
sufrirá el sonrojo de su necedad
(18.13, NBE).

El que sepa escuchar hablará el último
(21.28b, NBE).

Los resultados del saber callar, o su opuesto, son claramente descritos así:

Quien guarda la boca y la lengua
se guarda de aprietos (21.23, NBE).

Como que este refrán se parece a nuestro querido dicho: "En boca cerrada no entran moscas". He aquí otros dos de la cosecha de Proverbios:

De todo esfuerzo se saca provecho;
del mucho hablar, sólo miseria (14.23, VP).

Quien guarda su boca, guarda su vida,
quien suelta sus labios, marcha a la ruina
(13.3, NBE).

Notas

AMISTAD
tercer estudio

En el libro de Proverbios, como sucede en el hebreo del Antiguo Testamento, se usa generalmente una sola palabra para referirse al vecino, al amigo y al prójimo en general. La palabra hebrea *reà* nos ayuda a descubrir los secretos de una buena vida en relación con los demás.

Tal como ha hecho la sabiduría del Antiguo Testamento, nosotros podemos utilizar bien ciertas cosas buenas que el mundo de hoy nos da. Una de ellas, son las canciones de Alberto Cortez. Vale la pena escuchar el mensaje que él tiene, para enseñarnos a vivir en este mundo. Varias son las canciones que él dedica a la amistad y a las relaciones humanas. Tiene dos muy hermosas dedicadas exclusivamente a la amistad: "A mis amigos" y "Cuando un amigo se va". De ellas transmito la primera:

A mis amigos les adeudo la ternura
y las palabras de aliento y el abrazo,
el compartir con todos ellos la factura
que nos presenta la vida, paso a paso.

A mis amigos les adeudo la paciencia
de tolerarme mis espinas más agudas,
los arrebatos del humor, la negligencia,
las vanidades, los temores y las dudas.

A mis amigos les adeudo los enfados
que perturbaron sin querer nuestra armonía,
sabemos todos que no puede ser pecado
el discutir alguna vez por tonterías.

A mis amigos legaré cuando me muera,
mi devoción en un acorde de guitarra,
y entre los versos olvidados de un poema
mi pobre alma incorregible de cigarra.

Un barco frágil de papel
parece, a veces, la amistad,
pero jamás puede con él
la más violenta tempestad,
porque ese barco de papel

tiene aferrado en su timón
por capitán y timonel,
un corazón.

"Amigo mío, si esta copla, como el viento,
adonde quieras escucharla te reclama,
serás plural, porque lo exige el sentimiento,
cuando se lleva a los amigos en el alma."

Alberto Cortez tiene otra canción que describe a maravilla la actitud común que tomamos cuando nos evaluamos a nosotros y cuando lo hacemos para con los demás. Se titula "Los demás".

Nunca estamos conformes
del quehacer de los demás
y vivimos a solas,
sin pensar en los demás,
como lobos hambrientos
acechando a los demás,
convencidos que son nuestro
alimento los demás.

Los errores son tiestos
que tirar a los demás;
los aciertos son nuestros
y jamás de los demás.
Cada paso un intento
de pisar a los demás,
cada vez más violento
es el portazo a los demás.

Las verdades ofenden
si las dicen los demás;
las mentiras se venden,
cuando compran los demás.
Somos jueces mezquinos
del valor de los demás
pero no permitimos
que nos juzguen los demás.

Apagamos la luz
que por amor a los demás
encendió en una cruz

el que murió por los demás.
Porque son ataduras,
comprender a los demás,
caminamos siempre a oscuras
sin contar con los demás.

Nuestro tiempo es valioso,
pero no el de los demás,
nuestro espacio precioso,
pero no el de los demás,
nos pensamos pilotos
del andar de los demás;
donde estemos nosotros,
que se aguanten los demás.

Condenamos la envidia,
cuando envidian los demás;
mas lo nuestro es desidia,
que no entienden los demás.
Nos creemos selectos
entre todos los demás,
seres pluscuamperfectos
con respecto a los demás.

Olvidamos que somos
los demás de los demás,
que tenemos el lomo
como todos los demás,
que llevamos a cuestas,
unos menos, otros más,
vanidad y modestia
como todos los demás.

Y olvidando que somos
los demás de los demás,
nos hacemos los sordos
cuando llaman los demás
porque son tonterías
escuchar a los demás,
lo tildamos de "manía"
el amor por los demás.

Pero vayamos de nuevo a escuchar lo que nos dice la Biblia sobre ese viejo arte de "tratar con los demás".

60

El buen amigo

A. Una de las características que, a la larga, más se aprecia del buen amigo y del buen vecino es la sinceridad. Si en algún lugar de las relaciones humanas cabe la afirmación "la verdad aunque duela", es en una auténtica relación de amistad. Proverbios lo expresa así:

Más vale represión abierta
que amistad encubierta (27.5, NBE).

Más se puede confiar en el amigo que hiere
que en el enemigo que besa (27.6, VP).

Leal es el golpe del amigo,
falaz el beso del enemigo (27.6, NBE).

De una amistad así ¡qué agradable es enriquecerse!:

Para alegrar el corazón, buenos perfumes;
para endulzar el alma, un consejo de amigos
(27.9, VP).

En ese tipo de amistad es donde más se aprecia el constante roce que ayuda a perfilar la personalidad del compañero:

El hierro afila al hierro,
el hombre el perfil del prójimo
(27.17, NBE).

B. Una segunda cualidad de la amistad y de la buena vecindad es ser cauto, actuar con tacto. Tres consejos nos da el libro de Proverbios:

Cantar canciones al corazón afligido
es como echar vinagre en la llaga
o quitarse la ropa en tiempo de frío
(25.20, VP).

El regalo hecho con discreción
calma aún el enojo más fuerte
(21.14, VP).

Si visitas a tu amigo (vecino),
no lo hagas con frecuencia,
no sea que se canse de ti y llegue a odiarte
(25.17, VP).

C. La corona de la amistad es la constancia y la lealtad. Es una cualidad que pocas veces se encuentra; es tan rara que el mismo libro de Proverbios pregunta:

Muchos alardean de leales,
pero ¿quién hallará un hombre fiel?
(20.6, NBE).

Sin embargo, cuando esta cualidad se encuentra, se atesora como un "seguro de vida" porque enriquece la vida:

Algunas amistades se rompen fácilmente,
pero hay amigos más fieles que un hermano
(18.24, VP).

En todo tiempo ama el amigo y es como un
hermano en tiempo de angustia (17.17).

Cómo se parece a ese conocido refrán: "amigo en la adversidad, es amigo de verdad". ¡Qué bendición es tener cerca a un buen vecino y amigo, cuando se está lejos del hogar!:

No abandones al amigo tuyo y de tu padre:
en la desgracia no tendrás que ir
a casa de tu hermano.
Más vale vecino cerca que hermano lejos
(27.10, NBE).

D. Hay algo más que se le pide al amigo: ser amable con su enemigo. Esto es obviamente difícil. Proverbios lo sabe y por ello ofrece los refranes en forma de consejo (de hecho, ¡en forma de amonestación!):

Si cae tu enemigo, no te alegres;
si tropieza, no lo celebres,
no sea que el Señor lo vea e irritado desvíe
su ira contra ti (24.17-18, NBE).

Si tu enemigo tiene hambre, dale de comer;
y si tiene sed, dale de beber;
así harás que le arda la cara de vergüenza,
y el Señor te lo pagará (25.21-22, VP).

Con amor y verdad se perdona el pecado
(16.6, VP).

El medio amigo

Hay amistades a las cuales hay que colocar entre grandes signos de interrogación ¿¿¿-???. Con sabiduría y sensatez uno aprenderá a evitarlas y a no permitir que sus lazos lo enreden. Es la pseudo-amistad que busca el beneficio egoísta, que hace acepción de personas. En este tipo de amistad generalmente no es el "amigo" quien comete el error (¡puede ser que sí!) sino quienes lo buscan, o no lo buscan. Veamos:

A. Si tienes, te buscan; si no tienes, te desprecian. Ya lo dice el viejo refrán mexicano: "Al nopal nomás lo van a ver cuando tiene tunas":

Al que es dadivoso y desprendido,
todo el mundo lo busca y se hace su amigo
(19.6, VP).

La riqueza atrae multitud de amigos,
pero el pobre hasta sus amigos pierde
(19.6, VP; cf. 14.20).

Si al pobre hasta sus hermanos lo
desprecian, con mayor razón sus amigos se
alejan de él (19.7, VP).

B. Hay un proverbio (18.16) que parece estar muy familiarizado con ese conocido y usado mundo de las "palancas" o "influencias" en nuestro mundo moderno:

Con un regalo se abren todas las puertas y se
llega hasta la gente importante (VP).

¿Será esto bueno o malo? La sabiduría en este caso, no da un sí rotundo o un no final; su consejo parece ser: hay que ser cauto y sensato; hay que probar y comprobar...

62

Los amigos que no son amigos
O lo que es lo mismo, "el que con lobos se junta, a aullar aprende".

A. Hay ciertas prácticas y estilos de vida que deberán ser siempre motivo de precaución para el sensato y el cuerdo. La observación, el sentido común y la experiencia, le enseñarán pronto que a "fulanito" o "menganito" más vale mantenerlos a distancia. Por ejemplo:

Como loco que lanza
mortales flechas de fuego,
así es quien engaña a su amigo y luego dice
que todo era una broma (26.18-19, VP).

B. Existen otros malos amigos de quienes ni siquiera valdrá la pena considerar su amistad. No sólo por su mala manera de vivir, que acarrea maldad y destrucción (1.10-19), sino también por el terrible efecto deformativo que su conducta puede ejercer. Cuántas veces escuchamos ese refrán "dime con quién andas y te diré quién eres", aplicado generalmente para prevenir malas compañías. El libro de Proverbios tiene algo semejante, pero en forma más explícita:

Júntate con sabios y obtendrás sabiduría;
júntate con necios y te echarás a perder
(13.20, VP; cf. 16.19).

No te juntes con el hombre
colérico ni vayas con el iracundo,
no sea que te acostumbres a sus caminos
y te pongas una trampa a ti mismo
(22.24-25, NBE).

C. Además de evitar la amistad del necio y el colérico, también debemos aprender a ser precavidos con el traidor. De ese que aparenta fidelidad pero que en el momento de más necesidad se vuelca al otro lado:

Confiar en un traidor
en momentos de angustia
es como andar con una pierna rota o comer
con un diente picado (25.19, VP).

D. Más importante aún, es evitar al solapado y mal intencionado. Se requiere de cautela y de un "sexto sentido" para reconocer que su amistad trae maldad que carcome:

Quien saluda al vecino de madrugada y a
voces es como si lo maldijera (27.14, NBE).

Podríamos entender este proverbio así:
La fuerza de la frase "de madrugada" indica que este hombre removerá de su paso todo aquello que le sirva de obstáculo en su esfuerzo de presentarse al prójimo como ejemplo de benevolencia y buenaventura.
Saluda y bendice a su vecino a voz en cuello para informar a todo mundo de la profundidad de su amistad. Pero esta es una cordialidad forzada y embustera. Por ello, quien llega a este tipo de extravagancias para crear una impresión de su amabilidad debe considerarse como maldición para el otro. Hay que cuidarse de él; de seguro trae malas intenciones (cf. 26.24-25). Quien lleva las marcas de la amistad en forma demasiado ostentosa es casi seguro que trama el mal.

NECEDAD
cuarto estudio

⚑ Características de la persona necia

A. El necio detesta aprender

"El necio no tiene deseos de aprender" (18.2a; véase también 1.7b; 12.1; 15.5). Es obvio, como dice 12.1b (NBE) que *"el que detesta la reprensión se embrutece"*. Tal parece que sólo *"abriéndole la cabeza"* se le puede enseñar algo al necio (21.11; 19.25). Sin embargo, uno podría toparse con un necio a quien ni los golpes le ayudan:

> *Al necio no se le quita lo necio*
> *ni aunque lo muelas y lo remuelas*
> *(27.22, VP; cf. 17.10).*

A veces la necedad parece ser producto de la falta de sensatez, del no usar el sentido común, del no saber usar con provecho el cerebro. Lo que 17.16, NBE, define así:

> *¿De qué le sirve al necio tener dinero*
> *para comprar sensatez si no tiene seso?*

El que es necio desconoce la sabiduría (14.33, VP). Su cerebro sólo le da para aprender necedades:

> *El hombre inteligente procura saber,*
> *la boca del necio se apacienta de necedades*
> *(15.14 NBE).*

No tiene inteligencia (30.2). De un cerebro así ¿qué se puede esperar?:

> *El hombre sagaz encubre su saber,*
> *el insensato grita su necedad*
> *(12.23, NBE).*

64

De la lengua de los sabios brota sabiduría;
de la boca de los necios, necedades
(15.2, VP; cf. 15.7).

El que es prudente actúa con inteligencia,
pero el necio hace gala de su necedad
(13.16, VP).

La necedad es como una mujer chismosa,
tonta e ignorante. (9.13, VP).

B. El necio peca por engreído y soberbio;
no acepta consejos:

El que se fía de sí mismo es un necio,
el que procede con sensatez está a salvo
(28.26, NBE).

El necio cree que todo lo que hace está bien,
pero el sabio atiende los consejos (12.15, VP).

De la boca del necio brota el orgullo;
de los labios del sabio, su protección
(14.3, VP).

C. Pero a la vez, el necio es demasiado
inocente e ingenuo:

El juicioso es cauto y se aparta del mal,
el necio se lanza confiado (14.16, NBE).

El ingenuo se lo cree todo,
el sagaz atiende a sus pasos
(14.15, NBE).

D. El necio es también impulsivo y
falto de tacto:

El necio da rienda suelta a sus impulsos,
pero el sabio acaba por refrenarlos
(29.11, VP).

El necio muestra en seguida su enojo;
el prudente pasa por alto la ofensa
(12.16, VP).

Es honra del hombre evitar discusiones,
mas cualquier tonto puede iniciarlas
(20.3, VP; cf. 18.6).

E. El necio ama la maldad:

Los necios no soportan alejarse del mal
(13.19b, VP).

El hacer maldad
es como una diversión al insensato;
mas la sabiduría recrea al hombre de
entendimiento (10.23; cf. 14.9; 19.1).

F. La necedad crece con el necio hasta
llevarlo fuera de sí:

Ni el borracho la espina siente,
ni el necio el proverbio entiende (26.9, VP).

o hasta rebajarlo al nivel de un animal:

El perro vuelve a su vómito
y el necio a su necedad (26.11, VP).

G. Por ello, las cosas que adornan a los
hombres sensatos y cuerdos no sirven más
que para resaltar la insensatez del necio y
llenarlo de más contradicciones y problemas:

No va lejos el cojo con sus piernas
ni el proverbio dicho por un necio
(26.7, VP).

No le va al necio vivir con lujo
(19.10a, NBE).

Ni nieve al verano ni lluvia a la siega,
ni honor al necio les van bien (26.1, NBE).

¿Qué gana el necio con su necedad?

A. En primer lugar, el necio camina sin sentido ni rumbo en la vida. No tiene nada ni nadie que lo guíe:

La sabiduría es la meta del inteligente
(prudente) pero el necio no tiene meta fija
(17.24, VP).

B. Está totalmente desarmado ante el peligro. No tiene ningún elemento de juicio para saber que el peligro está frente a él:

El prudente ve el peligro y lo evita;
el imprudente sigue adelante y sufre el daño
(22.3; 27.12, VP).

C. Mientras que la honra y la felicidad acompañan al prudente, al necio sólo le esperan azotes y sufrimientos:

El látigo para el caballo,
el cabestro para el asno,
y la vara para la espalda del necio (26.3).

Listas están las varas
para los insolentes;
los buenos azotes
para la espalda de los necios
(19.29, VP; cf. 7.22).

D. Pero más que recibir azotes, el necio camina ineludiblemente a la ruina y la destrucción:

1. No logra construir nada:

El que guiña el ojo acarrea grandes males;
el que dice necedades acaba en la ruina
(10.10, VP).

Las palabras del necio son su propia ruina;
con sus labios se echa la soga al cuello
(18.7, VP; cf. 10.8; 10.14; 3.35).

2. Siempre permanece sujeto a otros y manifiesta una terrible incapacidad:

El que descuida su casa, nada le queda;
el necio será siempre esclavo del sabio
(11.29, VP).

Alta está para el insensato la sabiduría;
En la puerta no abrirá su boca (24.7).

3. La necedad sólo trae la muerte al imprudente:

Los labios del justo instruyen a muchos,
pero el necio muere por su imprudencia
(10.21, VP).

¿Qué ganan los familiares del necio?

A. Trae dolor y tristeza:

> *Ser padre de un necio trae sólo dolor;*
> *ser padre de un tonto no es ninguna alegría*
> *(17.21, VP; cf. 10.1; 17.21).*

B. Trae enojo y amargura:

> *El hijo necio es para sus padres*
> *motivo de enojo y amargura (17.25, VP).*

C. Trae desgracia y deshonra:

> *Hijo necio es desgracia del padre;*
> *mujer que riñe es gotera continua*
> *(19.13, NBE).*

> *Hijo sensato, alegría de su padre,*
> *hijo necio, deshonra de su madre (15.20, NBE).*

Consejos contra las trampas del necio

A. Dos cosas se deberán hacer frente a un necio parlanchín:

> *El que al necio no responde,*
> *por necio no pasa (26.4, VP).*

> *El que al necio sabe responder,*
> *como tal le hace parecer (26.5, VP).*

B. En ocasiones no vale perder tiempo dando consejo a los necios:

> *No hables a oídos del necio,*
> *pues se burlará de tus sabias palabras*
> *(23.9, VP).*

C. Confiar negocios y asuntos importantes al necio, puede traer muchos problemas:

> *Confiar al necio un mensaje es cortarse los*
> *pies y buscarse problemas (26.6, VP).*

> *Como arquero que a todos hiere,*
> *Es el que toma a sueldo*
> *insensatos y vagabundos (26.10).*

D. Hay que huir a toda costa de la amistad del necio:

> *Júntate con sabios y obtendrás sabiduría;*
> *júntate con necios y te echarás a perder*
> *(13.20, VP).*

> *Deja la compañía del necio,*
> *pues no hallarás saber en sus labios*
> *(14.7, NBE).*

E. No se deberá perder tiempo discutiendo con un necio:

> *El sabio que entabla pleito contra un necio,*
> *se enoja, recibe burlas y no arregla nada*
> *(29.9, VP).*

Tampoco debe tratar de persuadirlo a que cambie de parecer:

*Vale más toparse con una osa furiosa
que con un necio empeñado en algo
(17.12, VP).*

🔨 Llamada a la sensatez y la sabiduría

Según Proverbios, los jóvenes son los más propensos a caer en los lazos de la necedad (7.7; 1.32; 1.22). Sin embargo, también los mayores pueden pecar de necios (8.5). Por ello Proverbios ofrece un antídoto contra la necedad:

A. Hay que estar dispuestos a escuchar el consejo y la experiencia; atender a los mayores, sobre todo a los padres, y aceptar, aunque duela, la corrección:

*Los inexpertos, que vengan aquí;
quiero hablar a los faltos de juicio
(9.4, 16, NBE).*

*¿Hasta cuándo, inexpertos,
amarán la inexperiencia,
y ustedes, insolentes, se empeñarán en la
insolencia, y ustedes, necios, odiarán el saber?
(1.22, NBE).*

*El necio desprecia la corrección de su padre;
y el que la atiende, demuestra inteligencia
(15.5, VP).*

B. Hay que reconocer la necesidad de ir por el camino de la experiencia y la responsabilidad, dejar la imprudencia y caminar en la inteligencia:

*Dejen de ser imprudentes, y vivirán;
condúzcanse como gente inteligente
(9.6, VP).*

*A ustedes, señores, los llamo,
me dirijo a la gente:
Los inexpertos, aprendan sagacidad;
los necios adquieran juicio (8.5, NBE).*

C. Como es de esperarse, hay que estudiar el libro de los Proverbios. Después de todo, el libro se escribió para instruir a los sencillos e inexpertos:

*Para hacer sagaces a los jóvenes
inexpertos, y darles conocimiento y reflexión
(1.4, VP).*

D. Finalmente, como corona de todo lo dicho, la mejor medicina y antídoto contra la necedad se expresa claramente en 1.7a:

*El principio de la sabiduría
es el temor de Jehová.*

"Temor del Señor" significa aquí, honrarle, respetarle y, sobre todo, obedecer su voluntad.

EDUCACIÓN 1
quinto estudio

Proverbios 1.1-7 provee el marco temático para todo el libro de Proverbios. Estos versículos explican, con una rica variedad de palabras casi sinónimas, el propósito de esta colección. 1.1-7 y las constantes referencias a la frase "hijo mío" en los capítulos 1--9 no dejan lugar a dudas respecto de la intención pedagógica del libro de Proverbios. El versículo 7, "El principio de la sabiduría es el temor de Jehová", coloca la educación y su objetivo en el marco de la fe de Israel: Dios como principio y fin de la vida.

Varias palabras, relacionadas a la enseñanza y sus propósitos, aparecen en 1.1-7 y se repiten a través del libro de Proverbios. Hay otras que aparecen en el libro, pero que no se citan en 1.1-7. Todas estas palabras se agrupan en tres subdivisiones:

1. Palabras que expresan el acto de enseñar-aprender:

"Castigo" (3.12),
"corrección" (3.11),
"enseñanza" (4.1),
"aceptar o recibir consejo" (13.1),
"disciplina" (15.32),
"conocimiento" (2.5),
"aprender" (21.11),
"instrucción" (1.8),
"ley" (4.2).

2. Palabras que expresan el objetivo de la educación y el aprendizaje:

"Sabiduría" (2.2),
"doctrina" (1.2),
"habilidad manual" (31.19),
"conocimiento" (2.5-6),
"prudencia" (2.2),
"cordura" (4.1),
"sagacidad" (1.4)
"dirección sabia" (11.14),
"destreza e ingenio" (24.6),
"justicia" (2.9),

"derecho" (18.5),
"rectitud" 12.5),
"equidad" (2.9).

3. Palabras que expresan el medio literario por el que se trasmite la enseñanza:

"Declaración" (1.6),
"proverbio" (1.6),
"dicho" (16.24).

La riqueza de palabras y contextos en los que aparecen, señalan que la educación abarca toda la vida; por ello su campo de acción es amplio y sus alcances más duraderos. La educación tiene una meta claramente formativa. No intenta informar solamente; le interesa penetrar la vida del individuo y ayudarle a adquirir habilidades y conocimientos para toda la experiencia humana. 6.23 expresa en forma feliz el meollo de la intención de nuestro libro:

Porque el consejo es lámpara
y la instrucción es luz,
y es camino de vida la represión que corrige
(NBE).

⬛ Los sujetos de la enseñanza

A. Para el libro de Proverbios, como para toda la enseñanza de la Biblia, los padres son los principales responsables de la educación. Sesenta veces aparece un "padre" refiriéndose a un joven como "hijo mío" (véase como ejemplo 3.1-10). Proverbios se acerca a los padres para exhortarles a tomar en serio su principal papel en la vida:

Dale buena educación al niño de hoy,
y el viejo de mañana jamás la abandonará
(22.6, VP).

Esta es una obligación de ambos padres:

Hijo mío, escucha la corrección de tu padre,
no rechaces las instrucciones de tu madre
(1.8, NBE; cf. 6.20).

Además de estos y otros proverbios, el libro ofrece un testimonio de esta responsabilidad paternal. La colección del rey Lemuel empieza presentándose como Las palabras de Lemuel, rey de Masa, que le enseñó su madre (31.1, NBE), y 31.26, que forma parte de la poesía que canta a la mujer perfecta, dice:

Habla siempre con sabiduría,
Y da con amor sus enseñanzas.

El autor de los capítulos 1--9 (de la colección de Salomón) hace memoria de aquellos días infantiles cuando papá daba las clases: Él me instruía así:

"Conserva mis palabras en tu corazón,
guarda mis preceptos y vivirás"
(4.4, NBE).

B. Además de los padres, los maestros y sabios, también se dedican a la enseñanza en Israel. Proverbios los presenta en forma explícita:

Presta toda tu atención
a los dichos de los sabios;
concéntrate en lo que te enseño.
Te agradará guardarlos en tu memoria
y poder repetirlos todos juntos.

69

Hoy te los hago saber para que pongas tu confianza en el Señor (22.17-19, VP).

O los presenta como sujeto tácito del proverbio:

Yo les he dado una buena instrucción, así que no descuiden mis enseñanzas (4.2, VP).

He escrito para ti treinta máximas de experiencia, para que aprendas a observar y hablar objetivamente e informar fielmente a quien te envía (22.20-21, NBE).

O en la llamada de la Dama Sabiduría (personificación poética):

Yo poseo el buen consejo y el acierto, son mías la prudencia y el valor (8.14, NBE).

Vuélvanse a escuchar mi reprensión, y les abriré mi corazón comunicándoles mis palabras (1.23, NBE).

C. El Señor también aparece como sujeto de enseñanza al llamar a los miembros de su pueblo a la sensatez a través del castigo:

Hijo mío, no rechaces el castigo del Señor, no te enfades por su reprensión (3.11, NBE, cf. 3.12a).

En este contexto es donde se debe entender la fuerza de la frase "el temor del Señor" como principio del saber. El temor del Señor provee la dinámica para que el individuo sea impulsado a estudiar, meditar y ejecutar la voluntad de Dios. Quien teme (honra, respeta,

obedece) al Señor sin duda hará todo lo posible por estudiar su voluntad revelada y sujetarse a ella con fidelidad y devoción (cf. Esdras 7.10). No se podrá penetrar realmente a la experiencia educativa integral y totalizante si no se acepta con humildad y reverencia la declaración valerosa del siguiente proverbio:

Ante el Señor no hay sabiduría que valga, ni inteligencia ni buenas ideas (21.30, VP).

 Receptores de la enseñanza

A. Los hijos

Una lectura rápida de Proverbios es suficiente para reconocer que los hijos y los jóvenes son los receptores principales. Una y otra vez el libro exhorta a los hijos a someterse a la enseñanza paterna:

Hijo mío, escucha la corrección de tu padre, no rechaces las instrucciones de tu madre (1.8, NBE; cf. 13.1; 15.5; 4.1).

En este tema, Proverbios recurre a la enseñanza básica de Deuteronomio 6.4-9. Allí, Dios establece los principios de la educación bíblica. De acuerdo a ese pasaje, el hogar es el centro de la educación, los padres son los sujetos y los hijos son los receptores. Sin embargo, en ese pasaje se señala (v. 6) que los padres sólo podrán convertirse en sujetos de enseñanza si ellos son también receptores de ella: "estas palabras que yo te mando hoy, estarán sobre tu corazón". Es decir, los padres tienen que interiorizar la palabra de Dios y hacerla suya antes de enseñársela a sus hijos; sólo así podrán ser ejemplo para ellos. Además, el pasaje de Deuteronomio insiste en la persistencia de la enseñanza, en todo lugar, a toda hora y utilizando métodos audiovisuales.

B. El pueblo en general

Los capítulos 10-31, si bien tienen al joven en mente, dirigen su enseñanza a todo el pueblo de Israel. En esos capítulos hay menos concentración de la frase "hijo mío". Párrafos y series de proverbios enteros se dirigen a toda la comunidad israelita (véanse por ejemplo los capítulos 25-28; 31.10-31).

El método de la enseñanza

Proverbios, sin expresarlo en forma directa, ofrece toda una rica variedad de modos y formas para la enseñanza y el aprendizaje.

A. El libro de Proverbios se presenta a sí mismo como fuente de educación:

*Dichos de Salomón...
que tienen por propósito:
comunicar sabiduría e instrucción...
adquirir instrucción, prudencia,
justicia, rectitud y equilibrio... (1.1-3, VP).*

B. En la enseñanza se utilizan diversas formas literarias, especialmente la poesía, para facilitar el aprendizaje: La nemotecnia ("giros literarios y juegos de palabras para aligerar y asegurar la memorización").

1. Los dichos o refranes:

*Más vale comer verduras con amor,
que comer res con odio (15.17, VP).*

2. Los proverbios numéricos

Son pequeños trozos poéticos que se estructuran en torno a un modelo numérico; sobre todo el siguiente:

*Hay tres cosas y hasta cuatro...
(cf. 30.15-31; Amós 1.1-2.6):*

*Hay tres cosas, y hasta cuatro,
que me asombran y no alcanzo a
comprender: el camino del águila en el cielo,
el camino de la víbora en las rocas, el camino
de un barco en alta mar y el camino
del hombre en la mujer (30.18-19, VP).*

*Dos hijas tiene la sanguijuela,
que sólo saben pedir (30.15, VP).*

*Hay cuatro animalitos en la tierra
que son más sabios que los sabios:
las hormigas... los tejones... las langostas...
las lagartijas... (30.24-28, VP).*

*Hay seis cosas, y hasta siete,
que el Señor aborrece por completo...
(6.16-19, VP).*

3. Los poemas acrósticos:

Proverbios nos ofrece uno: El poema de la mujer perfecta (31.10-31). Contiene 22 versos, tantos como letras tiene el alfabeto hebreo. Cada verso inicia con una letra y se construyen en orden alfabético. Así el estudiante hebreo puede recordar el inicio de cada nueva estrofa en este poema.

EDUCACIÓN 2
sexto estudio

 **El método de la enseñanza (continuación)**

C. La invitación a la observación cuidadosa de los fenómenos naturales y de los hechos de la vida.

El muchacho israelita desde pequeño aprendía a ver a los animalitos en el patio de la casa como fuente de aprendizaje. La conducta instintiva de ellos y sus características peculiares tenían algo que enseñar sobre los principios de vida y de conducta:

> *Anda a ver a la hormiga, perezoso;*
> *fíjate en lo que hace, y aprende la lección*
> *(6.6, VP).*

> *Hay tres valientes, y hasta cuatro, que*
> *tienen un paso airoso: ...el gallo orgulloso,*
> *el macho cabrío... (30.29, 31, VP).*

Las experiencias cotidianas y simples de la vida se convertían en "salón de clases". No había necesidad de cansados discursos o profundos mensajes. Una simple experiencia casera desataba una lección para la vida:

> *Si tontamente te has dado importancia*
> *y has hecho planes malvados,*
> *ponte a pensar que si bates*
> *la leche, obtendrás mantequilla,*
> *si te suenas fuerte, te sangrará la nariz,*
> *y si irritas a otro, acabarás en una*
> *pelea (30.32-33, VP).*

> *Sin leña se apaga el fuego,*
> *y sin chismes se acaba el pleito (26.20, VP).*

> *Como gotera constante es la mujer*
> *pendenciera*
> *(19.13b, VP).*

Al igual que en la época del Antiguo Testamento, a medida que el joven crece obtiene más fuentes de conocimiento de vida, de experiencia y práctica que exigen más observación y reflexión:

> *Cuando no hay bueyes, el trigo falta;*
> *con la fuerza del buey, la cosecha aumenta*
> *(14.4, VP).*

> *El oro y la plata, el fuego los prueba;*
> *los pensamientos los prueba el Señor*
> *(17.3, VP).*

> *Río desbordado es el pleito que se inicia;*
> *vale más retirarse que complicarse en él*
> *(17.14, VP).*

> *Nubes y viento y nada de lluvia,*
> *es quien presume de dar y nunca da nada*
> *(25.14, VP; cf. 25.23, 26.1).*

Las experiencias de otros sirven también de incentivo para aprender:

> *Pasé por el campo del perezoso*
> *y por el viñedo del hombre falto de seso.*
> *Y lo que vi fue un terreno lleno de espinos,*
> *con su cerca de piedras derrumbada.*
> *Al ver esto, lo grabé en mi mente;*
> *lo vi y aprendí esta lección:*
> *mientras tú sueñas y cabeceas,*
> *y te cruzas de brazos para dormir mejor,*
> *la pobreza vendrá y te atacará como un*
> *vagabundo armado (24.30-34, VP).*

Las experiencias de uno mismo sirven también de lección, aunque duelan:

> *La maldad se cura con golpes y heridas;*
> *los golpes hacen sanar la conciencia*
> *(20.30, VP).*

D. A todos los anteriores, el libro de Proverbios agrega dos métodos en forma bien explícita:

1. La exhortación, la amonestación:

Un gran número de proverbios se dirigen directamente al joven, a los hijos y a todo el pueblo en general, invitando y exhortando al aprendizaje de la vida:

> *Escucha el consejo, acepta la corrección*
> *y llegarás a ser sensato*
> *(19.20, NBE; cf. 1.5, 23.12).*

> *Presten atención a mis correcciones*
> *y yo los colmaré de mi espíritu;*
> *les daré a conocer mis pensamientos*
> *(1.23, VP; cf. 8.33).*

> *Compra la verdad y la sabiduría,*
> *la instrucción y el entendimiento,*
> *¡y no los vendas! (23.23, VP).*

> *Agárrate a la corrección, no la sueltes;*
> *consérvala, porque te va la vida*
> *(4.13, NBE).*

> *En vez de plata y oro fino,*
> *adquieran instrucción y conocimiento*
> *(8.10, VP).*

2. La corrección y el castigo:

De todos los métodos y formas de educación, Proverbios coloca al castigo y la disciplina en lugar destacado. Es, según Proverbios, la forma más sabia para educar a los niños desde sus primeros años de edad:

73

El que detiene el castigo, a su hijo aborrece;
mas el que lo ama, desde temprano lo
corrige (lo corrige a tiempo) (13.24).

Corrige a tu hijo mientras hay esperanza
(19.18a, NBE).

Más vale reprender con franqueza
que amar en secreto (27.5, VP).

Corrige a tu hijo y te dará tranquilidad y
satisfacciones (29.17, NBE).

La necedad se pega en el corazón
del muchacho: la vara de la corrección se la
apartará (22.15, NBE).

Palos y reprensiones meten en razón,
muchacho consentido avergüenza a su madre
(29.15, NBE).

No dejes de corregir al joven,
que unos cuantos azotes no lo matarán;
por el contrario, si lo corriges,
lo librarás de la muerte (23.13, VP).

Corrige a tu hijo mientras hay esperanza,
pero no te arrebates hasta matarlo (19.18, NBE).

A muchos padres modernos les parece escandaloso y fuera de moda el castigo corporal. Sin embargo, la Biblia y la experiencia de la generación pasada, saben qué tan oportuno y sabio es el castigo corporal hecho con moderación y con amor. Una disciplina y educación balanceadas forman el espíritu y el carácter del muchacho. La disciplina a tiempo forma la vida del niño de tal modo que en los años de la juventud sabrá aceptar el castigo y la corrección paternal:

El hijo sensato acepta la corrección paterna,
el insolente no escucha la represión
(13.1, NBE).

Padres e hijos deberán siempre reconocer y recordar que las buenas costumbres y la vida sana se forma en los primeros años de vida. Los padres y los abuelos, sobre todo, deberán entender la seriedad de una disciplina y educación equilibradas.
Varios dichos apuntan a esto:

"Árbol que crece torcido nunca su tronco
endereza."

"Cría cuervos y te sacarán los ojos."

Dicho en forma positiva, Proverbios exhorta:

Instruye al niño en su camino,
y aún cuando fuere viejo no se apartará de él
(22.6).

De la disciplina de hoy depende la vida de mañana. Bien puede ser ésta:

Instruye al docto, y será más docto;
enseña al honrado, y aprenderá (9.9, NBE).

Como un anillo y un collar del oro más fino,
es la sabia represión en quien sabe recibirla
(25.12, VP).

O ésta:

El insolente no quiere que lo reprendan,
y no se junta con los hombres sensatos
(15.12, NBE).

Quien corrige al cínico se acarrea insultos;
quien reprende al malvado, desprecio
(9.7, NBE; cf. 9.8; 15.5).

74

Los frutos de la educación

Todo lo que hemos dicho nos trae sin dudas a este último punto en nuestro estudio: lo que siembras, cosechas. Papás y futuros papás escuchen bien: sus hijos son imagen y semejanza de ustedes (Génesis 5.1-3).
En sus manos está la vida de sus hijos.
La responsabilidad o irresponsabilidad de sus acciones futuras dependen de las bases y raíces establecidas en el hogar.

A. La primera educación que es necesario establecer en el hogar es el amor a la disciplina. El muchacho crecerá sabiendo el valor de ella. Sabrá aceptarla y sacará buen provecho de ella:

Agárrate de la corrección, no la sueltes; consérvala, porque te va la vida (4.13, NBE).

El que acepta la corrección va por camino de vida (10.17a, NBE).

El que ama la corrección, ama el saber (12.1a, NBE; cf. 15.32b).

Oído que escucha la represión saludable se hospedará en medio de los doctos (15.31, NBE).

Porque el consejo es lámpara y la instrucción es luz, y es camino de vida la represión que corrige (6.23, NBE).

Inclusive, en momentos de sufrimiento por decisiones irresponsables, el muchacho reconocerá el valor de la disciplina paternal y de la escuela. Entonces se lamentará por no

haberla tomado en serio:
Y dirás: ¡Cómo pude despreciar la corrección! ¡Cómo pude rechazar las represiones! (5.12, VP).

Entonces dirás:
"¿Por qué aborrecí la corrección y mi corazón despreció la reprimenda? ¿Por qué no hice caso a mis maestros ni presté oído a mis educadores? (5.12-13, NBE).

B. Quien desde pequeño aprende a amar la disciplina obtendrá sin duda este fruto deseado: la vida.

El que acepta la corrección va por camino de vida (10.17, NBE)

La instrucción del experto [sabio] es manantial de vida que aparta de los lazos de la muerte (13.14, NBE).

C. Además del premio de una vida abundante, el sensato recibirá otros frutos preciados:

El que piensa sabiamente, se sabe expresar, y sus palabras convencen mejor (16.23, VP).

El hombre juicioso tiene fama de prudente, hablar con dulzura aumenta la persuasión (16.21, NBE).

Gloria al que acepta la represión (13.18b, BJ).

PEREZA Y TRABAJO
séptimo estudio

◆ Perezoso por derecho propio

Es muy común encontrar en la literatura sapiencial temas e ideas antagónicas como una forma pedagógica para ayudar a comprender bien una lección: necio-prudente, mentiroso-veraz, justo-perverso. En este estudio nos concentraremos en la comparación de la persona trabajadora y del individuo perezoso.

Proverbios 26.14 (VP) ofrece de una vez por todas la figura patética del holgazán:

> *La puerta gira en sus bisagras*
> *y el perezoso gira en la cama.*

Con agudeza sin par, esta sentencia describe la trágica realidad del perezoso. Su pereza lo ha llevado al colmo de la rutina improductiva y destructora.

Así como la bisagra ofrece a la puerta su razón de ser, el lecho da al holgazán su definición más concreta: pereza y lecho forman un binomio indisoluble como la puerta y la bisagra.

A partir de esta definición se hace fácil entender el porqué de los ridículos pretextos del holgazán:

> *Para trabajar, el perezoso pretexta*
> *que en la calle hay un león que lo quiere matar (22.13, VP).*

> *Dice el holgazán:*
> *"hay un chacal en el camino,*
> *hay un león en la calle" (26.13, NBE).*

La pereza ha cegado al holgazán a tal grado que su propia situación le hace ver ilusiones. El perezoso ve las cosas de manera totalmente distinta a como las ve el trabajador:

*Para el perezoso, el camino
está lleno de espinas;
para el hombre recto,
el camino es amplia calzada (15.19, VP).*

La pereza ha reducido al holgazán a la nulidad total; el perezoso es inútil aun para satisfacer las necesidades personales:

*El perezoso mete la mano en el plato,
pero no es capaz ni de llevársela a la boca
(19.24; 26.15, VP).*

El holgazán vive de engaños. Da la impresión que desea trabajar, pero a la hora de tener el trabajo enfrente se da cuenta de que la realidad es otra:

El perezoso desea y no consigue (13.4a, VP).

*Los deseos dan muerte al holgazán,
porque sus manos se niegan a trabajar
(21.25, NBE).*

Tal como sucede con el necio, el chismoso y el mentiroso, el fin del perezoso sólo será sufrimiento y destrucción.

El holgazán no posee nada. Su pereza lo lleva a situaciones dolorosas:

*La pereza desploma en el sueño,
el holgazán pasará hambre (19.15, NBE).*

*Porque bebedores y comilones se arruinarán
y el holgazán se vestirá de harapos
(23.21, NBE).*

El holgazán nunca puede realizar tareas constructivas. Sus metas son demasiado estrechas y sus aspiraciones muy pobres:

*El imprudente se ocupa en cosas sin
provecho (12.11, VP).*

Su estupidez lo lleva al extremo de creerse el más sabio. "¡Nadie más que él ha escogido la mejor parte!"

*El holgazán se cree más sabio
que siete que responden con acierto
(26.16, NBE).*

Aun si alguien se decidiera a ofrecer trabajo al holgazán, por compasión o ignorancia, éste traerá problemas a su benefactor:

*Vinagre a los dientes, humo a los ojos:
eso es el holgazán para quien le da un encargo
(10.26, NBE).*

Proverbios ofrece una seria llamada de atención para evitar enredarse con el holgazán:

*Los perezosos y los destructores
¡hasta hermanos resultan! (18.9, VP).*

Además de esta advertencia categórica, Proverbios nos ofrece un grupito de proverbios cuya estructura antitética (contradictoria) presenta la amonestación contra la pereza, en el conjunto de la triste realidad de la pereza y su antídoto: la diligencia.

*Mano perezosa empobrece,
brazo diligente enriquece (10.4, NBE).*

*El holgazán no gana su sustento,
el diligente abunda en riquezas
(12.27, NBE).*

77

*El que recoge en el verano
es hombre entendido;
el que duerme en el tiempo de la siega
es hijo que avergüenza (10.5).*

Dos son en el libro de los Proverbios los trozos que enseñan un camino diferente al de la pereza. El primero, por vía del ejemplo de la naturaleza:

*Anda, holgazán, mira a la hormiga,
observa su proceder y aprende;
aunque no tiene jefe, ni guía, ni gobernante,
acumula grano en verano y reúne provisiones
durante la cosecha.
¿Hasta cuándo dormirás, holgazán?
¿cuándo sacudirás el sueño?
Un rato duermes, un rato das cabezadas,
un rato cruzas los brazos y descansas
y te llega la pobreza del vagabundo
y la indigencia del mendigo (6.6-11, NBE).*

Y el otro trozo poético ofrece la enseñanza por vía de la experiencia directa:

*Pasé por el campo del perezoso,
por la viña de un hombre sin juicio:
todo era espinas que crecían, los cardos
cubrían su extensión, la cerca de piedras
estaba derruida; al verlo reflexioné;
al mirarlo, escarmenté.
Un rato duermes, un rato das cabezadas,
un rato cruzas los brazos y descansas,
y te llega la pobreza del vagabundo, la
indigencia del mendigo (24.30-34, NBE).*

El trabajo y sus virtudes

La agria actitud de Proverbios hacia la pereza y los pocos consejos acerca de las virtudes de la laboriosidad, nos hacen recoger de nuevo las bases bíblicas del trabajo tal como las establece Génesis 2-3. El hecho de que el tema del trabajo se halle en los pasajes de la creación y de la caída, nos hace reconocer que el trabajo es parte vital de la vida humana, tanto en su posición de criatura hecha a imagen de Dios, como en su posición de un ser marcado por el pecado. El trabajo pertenece al hombre dentro y fuera de la realidad del pecado. La canción, El Negrito del Batey, que afirma: "el trabajo se lo dejo todo al buey, porque el trabajo lo hizo Dios como castigo", es una clara distorsión del plan divino. Dios da al trabajo, desde un principio, una posición privilegiada y bendecida en la vida del hombre. Por ello, el Decálogo presenta el trabajo como mandamiento: "Seis días trabajarás y harás toda tu obra" (Éxodo 20.9). La desobediencia del hombre no denigró al trabajo, más bien hizo que Dios lo reubicara en la triste realidad del pecado.

Sea con esfuerzo o sin él, el trabajo es en la Biblia, parte de la vocación humana. El hombre sin trabajo deja de ser humano; niega ser imagen de Dios. Por ello el libro de Proverbios mira con beneplácito al hombre trabajador y le ofrece la esperanza de abundancia en su trabajo.

Brazo diligente enriquece (10.4b, NBE).

*El diligente abunda en riquezas
(12.27b, NBE).*

El que trabaja, prospera (13.4b, VP).

El que trabaja, dominará;
el perezoso será dominado
(12.24, VP; cf. 11.16b; 14.23b).

El trabajo y sus dolores

El mundo de hoy, como el de ayer, nos muestra que el trabajo también acarrea problemas y dolores. No es que el trabajo sea en sí malo y denigrante; es la mala actitud y la participación equivocada en el trabajo. El trabajo no hace mal a nadie; uno mismo se hace mal, al no comprender los propósitos divinos con respecto al trabajo. Génesis 9.1-11 es un claro ejemplo de los resultados de un acercamiento equivocado hacia el trabajo. El salmo 127.1-2 nos ofrece el secreto de cómo hacer del trabajo y la labor, un camino de bendición divina:

Si Jehová no edificare la casa,
en vano trabajan los que la edifican;
si Jehová no guardare la ciudad,
en vano vela la guardia.

Por demás es que os levantéis de madrugada,
y vayáis tarde a reposar, y que comáis pan de dolores;
Pues que a su amado dará Dios el sueño.

De nuevo Proverbios 1.7 nos da el llamado a la sensatez: "el principio de la sabiduría es el temor del Señor". El problema del trabajo estriba sobre todo en esta sencilla ecuación: se hace "desde" y "para" el Señor, o se hace "sin" y "en contra" del Señor. Una y otra vez se nos exige recordar estas importantes preguntas: "¿Para qué trabajo?" y "¿Qué espero hacer con los resultados de este trabajo?".

Parecería sencillo decir que quien trabaja recoge el fruto de su trabajo; y que una devoción al trabajo trae resultados positivos al hombre. Proverbios nos dice ¡Cuidado!

La bendición del Señor es la que enriquece,
y nada le añade nuestro esfuerzo
(10.22, LPD).

En parte por experiencia propia, y muchas veces por el ejemplo de otros, podemos reconocer que el trabajo desmedido y fuera del propósito de vida es causa de aflicciones. La riqueza y el éxito son muy ambiguos y, según el libro de Proverbios, la pobreza y la estrechez pueden ser más valiosas que la abundancia:

Más vale ser pobre y honrar al Señor
que ser rico y vivir angustiado
(15.16, VP; cf. 11.4).

"El amor a las riquezas y las posesiones puede llevar a la falsedad:"

Más vale ser pobre y honrado,
que necio y calumniador (19.1, VP).

O, también puede llevar a los pleitos y las discordias:

Más vale comer pan duro y vivir en paz,
que tener muchas fiestas y vivir peleando
(17.1, VP).

Más vale comer verduras con amor,
que carne de res con odio (15.17, VP).

79

El problema de "las espinas y los abrojos" (Génesis 3.18) no lo trae el trabajo de suyo propio, viene como resultado de una falsa evaluación del propósito del trabajo y de sus frutos. Es cierto que el trabajo trae preciosos y abundantes bienes; sin embargo, en la sociedad contemporánea, el afán desmedido de poseer y de consumir, ha llevado y está llevando a nuestra sociedad a resultados devastadores. Los valores de la vida y de realización personal y comunitaria se sacrifican por el materialismo y los vanos valores que ofrece este mundo. Se trabaja, no para vivir, sino para rendir culto al dios de las riquezas y del consumismo. Vale pues recordar el principio que Jesús estableció sobre el trabajo y las prioridades del Reino de Dios:

Mas buscad primeramente
el Reino de Dios y su justicia,
y todas estas cosas os serán añadidas
(Mateo 6.33).

Notas

RIQUEZA Y POBREZA
octavo estudio

Justicia e Injusticia

A. Justicia

En el libro de Proverbios, tal como sucede en toda la Biblia, la justicia no se entiende en sentido abstracto, sino en su aplicación concreta, especialmente a favor del débil, tanto en la vida cotidiana como en la sala de juicio. Proverbios 31.8-9 (VP) refleja el sentir de la enseñanza bíblica:

> *Levanta la voz por los que no tienen voz;*
> *¡Defiende a los indefensos!*
> *Levanta la voz, y hazles justicia;*
> *¡Defiende a los pobres y a los humildes!*

Esta enseñanza que resuena en varios libros del Antiguo Testamento (véanse como ejemplos Deuteronomio 1.17; Salmo 103.6; Isaías 42.6-7: Jeremías 22.3), aparece como enseñanza central en labios de Jesús (Mateo 11.4-5; Lucas 4.18-19; 6.20).

Jesús, como el ser humano perfecto y como nuestro modelo, encarna lo que todo cristiano debe hacer con respecto a la justicia.

1. El estudio de Proverbios

De acuerdo a 1.3 el conocimiento y comprensión de la justicia y el derecho es resultado del estudio y práctica de las enseñanzas del libro de Proverbios (véase 2.9; 8.15, 18, 20).

2. Seguir la justicia es vida

Los proverbios no dejan de asegurar, tal como se enseña en otros lados de la Biblia, que la práctica de la justicia es camino de vida:

En el camino de la justicia está la vida;
Y en sus caminos no hay muerte
(12.28; véase 10.2; 11.4-6, 19).

El que sigue la justicia y la misericordia
Hallará la vida, la justicia y la honra
(21.21).

La justicia asegura larga vida (13.6; 16.31),
enorgullece a una nación (14.34) y da
firmeza al gobernante (16.12b; 20.28; 25.5;
29.4). Para Dios más vale la práctica de la
justicia que los sacrificios, ofrendas y rituales
(15.9; 21.3).

Es tal el valor de la práctica de la justicia,
que es mejor quedarse pobre en la justicia que
hacerse rico con injusticia (16.8).

B. Injusticia

Una de las características de la literatura sapiencial es enseñar los principios morales por vía negativa. El joven y el ser humano en general aprenderán de la justicia escuchando qué hace y qué le pasa al que practica la injusticia. Varios proverbios contrastan al justo con el injusto usando el modelo del paralelismo antitético (una línea dice todo lo contrario de la otra):

Ir tras la justicia conduce a la vida, pero
ir tras la maldad conduce a la muerte
(11.19, VP).

La justicia preserva al que camina con
integridad, pero la maldad arruina al
pecador (13.6, LPD).

De acuerdo a Proverbios, el que practica la injusticia es un necio (28.5) y recibe como fruto:

"perdición" (10.2; 11.5),
"paga engañosa" (11.18),
"ruina" (13.6; 22.16),
"vergüenza" (14.34),
"desprecio de Dios" (15.9),
"violencia" (21.7).

La práctica de la injusticia trae como consecuencia el despojo y la opresión de los más débiles (13.23; 30.14) y ofende a Dios (14.31a).

 **Riqueza**

Un elemento común de la literatura sapiencial es la descripción de los hechos concretos de la vida sin emitir un juicio de valor. Sorprende esta práctica en un tema tan controversial como lo es la riqueza y la pobreza. Sin embargo, Proverbios nos dice que vivimos en un mundo donde ambos, ricos y pobres, coexisten como un hecho real de la vida:

El rico y el pobre tienen algo en común:
a los dos los ha creado el Señor
(22.2, VP; 29.13).

Sobre esto dice William Mckane:
"El pobre y el rico viven uno junto al otro en cada comunidad; y las estructuras sociales, en todas partes, muestran la polaridad entre riqueza y pobreza... No se intenta explicar cómo es que la coexistencia de pobres y ricos es compatible con la voluntad de Dios. Lo que se dice, simplemente, es que ambos pertenecen al mismo orden que Dios ha

creado y que él mismo sostiene". En ese mismo espíritu se podrían comprender los siguientes proverbios:

El pobre habla con ruegos,
mas el rico responde durezas (18.23).

El rico domina a los pobres
y el deudor es esclavo del acreedor
(22.7, LPD).

De Proverbios 18.23 dice Mckane: "La indicación de que el rico responde con dureza es descriptivo más que de condena. Así es el mundo, y la respuesta del rico corresponde a su situación natural, tal como lo hace el pobre en la suya... El rico siempre está a la defensiva... y no está dispuesto a que la compasión le estropee su estado de ánimo constantemente". Proverbios 22.7 es un simple reconocimiento del poder del dinero.

A. Cuando poseer bienes es una bendición

Varias historias de la Biblia nos recuerdan que poseer bienes materiales no es algo reprobable delante de Dios. De hecho, algunas de esas historias afirman que Dios es la fuente de ellas. Tenemos el caso de Abraham, a quien Dios, a pesar de la astucia de Lot, premió con abundante ganado y tierras (Génesis 13.2-6). Job fue también otro a quien Dios premió con abundantes riquezas (Job 1.3; 42.10-17). En este mismo espíritu, varios proverbios hablan de la riqueza y la posesión de bienes:

Yo doy riquezas y honra,
grandes honores y prosperidad (8.18, VP).

Riquezas, honra y vida
son la remuneración de la humildad
y del temor de Jehová (22.4).

Por ello, Proverbios aconseja que una buena manera de honrar a Dios es a través de lo que uno posee:

Honra a Jehová con tus bienes,
y con las primicias de todos tus frutos (3.9).

Cuando se usan los medios y métodos correctos y justos, la consecución de bienes es bien visto y hasta aplaudido:

Su esposo confía plenamente en ella,
y nunca le faltan ganancias (31.11, VP).

La mujer agraciada recibe honores,
y el hombre audaz obtiene riquezas
(11.16, VP; 10.15).

B. Cuando poseer es una maldición

Los libros proféticos y el Nuevo Testamento registran, a menudo, duras palabras contra la riqueza, reconociendo que en ella es muy difícil hacer justicia y confiar en Dios (Isaías 3.14-15; Jeremías 22.13-17; Amós 2.6-8; Lucas 6.24-25; 12.17-21; 18.18-25; Santiago 5.1-6). Proverbios no deja de dar serios consejos contra las ganancias mal habidas y las riquezas que sirven para oprimir a los pobres:

Si los pecadores quieren engañarte,
¡no se lo permitas, hijo mío!
Tal vez te digan: "Ven con nosotros;
por capricho tenderemos una trampa
para matar a algún inocente cuando pase.
Nos tragaremos vivos
a los hombres honrados
como se traga la muerte
a quienes caen en el sepulcro.
Tendremos toda clase de riquezas,
¡llenaremos nuestras casas
con todo lo robado!
Ven y comparte tu suerte con nosotros,
y comparte también nuestro fondo común
(1.10-14, VP).

El que confía en sus riquezas,
caerá como hoja seca, pero los justos
reverdecerán como las ramas
(11.28, VP; 18.11).

El que obtiene ganancias
deshonestas perturba su casa
(15.27a, LPD; cf. 11.7; 28.6).

Pobreza

Vivimos en una época que pareciera considerar la pobreza como virtud. Sin embargo, tanto en Proverbios como en el resto de la Biblia, la pobreza es una situación de vida considerada más como desgracia que como bendición. El hecho de que la Biblia levante su voz contra la injusticia, la opresión y la riqueza destructora, es ya una indicación de que Dios quiere que todo ser humano viva con lo necesario para llevar una vida honorable. Si Dios hace de los pobres su preocupación principal, es porque desea que

su situación termine; por ello, a la vez que proclama contra los ricos opresores, también advierte contra la pereza y la necedad como causantes de la pobreza.

A. Pobreza por opresión

Proverbios, al igual que otros libros de la Biblia, considera que muchos son pobres debido a la maldad del ser humano. La situación de pobreza por opresión tiene generalmente tres elementos bien reconocibles: el rico opresor, el pobre oprimido, y la opresión causada por la sed de poder y de riqueza ilimitada:

No abuses del pobre por ser pobre,
ni oprimas ante los jueces al indefenso
(22.22, VP).

León rugiente y oso hambriento
es el gobernante que oprime a los necesitados
(28.15, NBE; cf. 28.16).

El hombre malvado
que explota a los débiles
es como inundación
que deja sin pan (28.3)

En este apartado debemos agregar el sufrimiento que padece el pobre no sólo por su indigencia, sino por las burlas y los rechazos:

La riqueza atrae multitud de amigos,
pero el pobre hasta sus amigos pierde
(19.4, VP; cf. 19.7; 14.20).

B. Pobreza por pereza o necedad

1. El holgazán:

Proverbios sabe muy bien que la pobreza de muchas personas ha sido causada por la holgazanería. Hay gente que prefiere morirse de hambre y vivir en situaciones de miseria, en lugar de trabajar. Sobre este punto véase la sección correspondiente en el séptimo estudio (6.9-11; 20.13; 24.30-34; 28.19).

2. El necio:

No cabe duda de que el holgazán o perezoso es un individuo necio; sin embargo Proverbios considera también que la pobreza acompaña al que no sigue consejos sabios u oportunos o a quien toma decisiones apresuradas y tontas:

Pobreza y vergüenza tendrá el que menosprecie el consejo (13.18a; cf. 12.11).

El ambicioso tiene prisa por ser rico, y no sabe que sobre él vendrá la pobreza (28.22, VP; cf. 21.5; 13.7a).

C. Pobreza por opción

La persona sabia y sensata sabe que lo mejor en la vida es tener lo suficiente para una vida moderada y de acuerdo a la voluntad de Dios. Por ello, la oración de todo hijo de Dios debería ser la siguiente:

Hay dos cosas que yo te pido, no me las niegues antes que muera: aleja de mí la falsedad y la mentira; no me des ni pobreza ni riqueza, dame la ración necesaria,

no sea que, al sentirme satisfecho, reniegue y diga:"¿Quién es el Señor?", o que, siendo pobre, me ponga a robar y atente contra el nombre de mi Dios (30.7-9, LPD).

Sin embargo, hay momentos en el que el individuo temeroso de Dios decide el camino de la pobreza para ser obediente a la voz de Dios, para beneficio de otras personas o para beneficio de sí mismo:

Mejor el pobre que camina en su integridad, que el de perversos caminos y rico (28.6; cf. 12.9).

Más vale comer verduras con amor, que carne de res con odio (15.17, VP).

Dichoso el que halla sabiduría, el que obtiene inteligencia; porque son más provechosas que la plata y rinden mayores beneficios que el oro. La sabiduría vale más que las piedras preciosas; ¡ni aun las cosas más deseables se le pueden comparar! Con la derecha ofrece larga vida, y con la izquierda, riquezas y honores. Seguir sus pasos es muy agradable; andar por sus senderos es vivir en paz. La sabiduría es vida para quien la obtiene; ¡dichosos los que saben retenerla! (3.13-18, VP).

De más estima es el buen nombre que las muchas riquezas, y la buena fama más que la plata y el oro (22.1; cf. 23.5, VP).

Cuida tu mente más que nada en el mundo, porque ella es fuente de vida (4.23, VP).

ACTITUDES 1
noveno estudio

En esta lección vamos a caminar por la senda de las actitudes frente a la vida; las actitudes personales. Deseamos que Proverbios nos abra su cofre de consejos y nos permita descubrir los secretos de cómo llevar una vida digna, a la vez que agradable ante nosotros mismos, nuestro prójimo y el Señor: *"La piedad y la lealtad no te abandonen; átalas a tu cuello, escríbelas en la tablilla de tu corazón. Así hallarás favor y buena acogida a los ojos de Dios y de los hombres" (3.3-4, BJ).*

Estos cortos consejos y el racimo de proverbios de las lecciones anteriores, servirán de invitación y desafío para una vida digna como hijos de Dios. Estos proverbios nos ayudarán a enfrentar esos pequeños o grandes problemas de la vida cotidiana. Problemitas cuyo "aguijón" nos ataca una y otra vez durante este caminar por la vida.

 El ánimo

Esta palabra describe el semblante del individuo. Se explica generalmente a partir de términos antitéticos: entusiasmo-desgano, ánimo-desánimo, aliento-desaliento. El libro de los Proverbios, como lo hace en otros temas, nos ofrece más de un camino. Esta aparente ambigüedad no indica incapacidad de ofrecer consejos concretos; más bien señala un claro respeto frente a las comple-jidades de la vida. La risa que hoy recibe aplausos, mañana puede pedir amonestación o castigo.

A. Proverbios no deja de ofrecer la ley general acerca de los estados de ánimo:

*Corazón alegre, cara feliz;
corazón enfermo, semblante triste
(15.13, VP).*

Este es el mensaje que comúnmente recibimos de las personas. A quien vemos reír lo reconocemos feliz; a quien vemos llorar, lo creemos triste. Este proverbio nos señala el diagnóstico común: lo que se muestra en el exterior, refleja lo interno.

B. Sin embargo esta ley común y general no puede dar una respuesta universal y absoluta. La experiencia de vida nos enseña lo que nuestro refrán dice: "caras vemos, corazones no sabemos". Una y otra vez, por necesidad moral y física o por hipocresía, nos colocamos una "máscara" para cubrir nuestro verdadero estado de ánimo. El libro de los Proverbios reconoce esta verdad al registrar el siguiente proverbio:

El corazón conoce sus propias amarguras, y no comparte sus alegrías con ningún extraño (14.10, VP).

El proverbista sabe que el corazón humano —el espíritu del ser humano— en ocasiones necesita la soledad; ese recogerse uno mismo en su intimidad y luchar personalmente con su alegría o su pesar. En una sociedad como la nuestra, el silencio y la intimidad son prendas valiosas que a menudo buscamos con ansiedad.

Sin embargo, esa soledad puede ser producto de situaciones negativas y destructivas; de actitudes que no conocen la buena amistad, ni la confianza. Nuestra cultura es también conocedora de esa falsa máscara que exige que mostremos un semblante que no es el nuestro, para ser aceptados y reconocidos. Como el poema de Garrid, el famoso payaso inglés que cubría su amargura y tristeza tras la cómica careta de payaso: la vida nos enseña a "llorar a carcajadas".

C. La alegría produce alegría y... algo más...

Es cierto, al decir de Proverbios, que la alegría es producto de la alegría interna (cf. 15.13), y que esta alegría contagia no sólo a quien la produce sino también a otros:

Los ojos radiantes alegran el corazón; las buenas noticias dan nuevas fuerzas (15.30, VP).

Buen remedio es el corazón alegre (17.22a, VP).

Sin embargo, los sabios de Israel también fueron testigos de otra realidad. No siempre la alegría produce alegría. En ocasiones la risa se convierte en llanto:

Hasta de reírse duele el corazón, y al final la alegría acaba en llanto (14.13, VP).

Este proverbio describe una faceta de la experiencia de vida del ser humano: la alegría es efímera y la fiesta es corta. No se quiere decir que no hay alegrías en la vida, sino que los ajetreos de la vida cortan con la alegría y la risa del corazón, después de la celebración festiva. Para muchos esta experiencia se ha convertido en verdad indiscutible. ¡Cuántos han crecido con la certeza de que si hoy reímos, mañana lloramos! Inclusive, hasta se tiene miedo de reír y gozarse hoy, porque mañana sin duda será de dolor y llanto. No, ésta no es la ley de la vida; esta es una de esas verdades que vienen una y otra vez a recordarle al hombre que la vida diaria no se encajona en un "paraíso", y mucho menos,

87

en un infierno eterno. Este proverbio no niega al siguiente:

> *Para quien está contento,*
> *todos los días son una fiesta constante*
> *(15.15b, VP).*

D. El corazón afligido

El libro de Proverbios conoce a las personas agobiadas por la aflicción. Habla de aquellos cuyo dolor dura mientras pasa la congoja:

> *Esperanza frustrada, corazón afligido;*
> *pero el deseo cumplido es como árbol de vida*
> *(13.12, VP).*

Pero también habla del Afligido y Abatido, con A mayúscula. Su tristeza y congoja son su compañía cotidiana; viven en constante amargura:

> *Para quien está afligido,*
> *todos los días son malos (15.15a, VP).*

> *Al enfermo lo levanta su ánimo,*
> *pero al ánimo decaído,*
> *¿quién podrá levantarlo? (18.14, VP).*

Para esto, Proverbios da dos refranes cuya respuesta negativa conlleva la solución del problema:

> *Buen remedio es el corazón alegre,*
> *el ánimo triste resta energías (17.22, VP).*

> *Si te desanimas cuando estás en aprietos,*
> *no son muchas las fuerzas que tienes*
> *(24.10).*

 # La envidia

Esta es una de las actitudes que pueblan el corazón de las personas y cuyo fin, dice Proverbios, trae desilusión. ¿Qué es la envidia? Esa actitud que muestra el enojo y el disgusto por el bien ajeno. Según Proverbios no hay envidia positiva:

> *La mente tranquila es vida para el cuerpo,*
> *pero la envidia corroe hasta los huesos*
> *(14.30, VP).*

> *El furor es cruel, agua desbordada la cólera;*
> *mas ¿quién resistirá ante la envidia? (27.4, BJ).*

Por el número de sentencias que nos da Proverbios al respecto (3.31; 23.17; 24.1-2, 19), se reconoce que la envidia generalmente busca igualar al malvado y al violento:

> *No tengas envidia de los malvados*
> *ni ambiciones estar en su compañía,*
> *porque sólo piensan en la violencia*
> *y no hablan más que de hacer lo malo*
> *(24.1-2, VP).*

La codicia está relacionada con la envidia. Al envidioso le molesta que el otro tenga y desea poseer lo mismo; el codicioso, en cambio, quiere tener y acumular más y más. Proverbios no puede tener buenas palabras para este tipo de personas:

> *Tal es el fin de los ambiciosos:*
> *su propia ambición los mata (1.19, VP).*

Quien envidia y codicia permanece abierto a otros males y maldades, pues su apetito de poder le llevará a cometer otros errores (ej. el soborno).

El orgullo
(como actitud negativa)

El diccionario lo define así: "Sentimiento y actitud del que se considera superior a los otros y les muestra desprecio o se mantiene alejado de su trato". Las siguientes son palabras sinónimas: altanero, altivo, alzado, ancho, arrogante, estirado, hinchado. La definición y las palabras apuntan a una realidad negativa y destructora. Así se pinta al orgulloso en 21.24:

Insolente se llama al arrogante
y altanero que actúa con
excesiva soberbia (LPD).

En tres sentencias, Proverbios señala los resultados del orgullo:

Ojos altivos, mente orgullosa;
la luz de los malvados es pecado (21.4, VP).

Tras el orgullo viene el fracaso;
tras la altanería, la caída (16.18, VP).

El Señor no soporta a los orgullosos;
tarde o temprano tendrán su castigo (16.5, VP).

Sólo el camino de la humildad ofrece el antídoto para el orgullo, la solución a tantos problemas que le vienen al orgulloso, y la puerta a la bendición del Señor:

Al que es orgulloso se le humilla,
pero al que es humilde se le honra (29.23, VP).

Junto al orgullo aparecen las adulaciones, las alabanzas. Ellas actúan en forma ambigua; dependiendo de quién vengan, cuándo se dicen y qué fin persiguen. Para evitar que las adulaciones lleguen a ser señal

de orgullo, el libro de Proverbios enseña que éstas siempre deben provenir de otros:

Deja que sean otros los que te alaben;
no está bien que te alabes tú mismo
(27.2, VP).

Sin embargo, aunque vengan de los otros, las adulaciones pueden caer en terreno fértil y desatar el orgullo y la vanidad. Para la persona sensata, cuerda y estable las adulaciones son sólo prendas que adornan su ser:

Al oro y la plata, el fuego los prueba;
al hombre lo prueban las alabanzas (27.21, VP).

La forma cómo respondas a las adulaciones, serán los resultados de su impacto en ti. Bien vale la pena recordar el consejo de un viejo maestro de seminario:

"Las adulaciones son como el perfume;
extasíate de su aroma, pero no te las tragues."

 # Los celos

Si buscamos la definición de esta palabra en el diccionario, éste nos dará una doble respuesta, una positiva y otra negativa. Según Proverbios, los celos producen destrucción; nacen del temor (fundado o no) de que la persona a quien uno ama prefiera más a otra:

Porque el hombre celoso es como un fuego,
y no perdona a la hora de vengarse
(6.34, VP).

89

La ira es cruel,
y el enojo destructivo,
pero los celos son incontrolables
(27.4, VP).

El Nuevo Testamento nos da una buena receta contra los celos:

Donde hay amor no hay miedo.
Al contrario, el amor perfecto
echa fuera el miedo,
pues el miedo supone el castigo.
Por eso, si alguien tiene miedo,
es que no ha llegado a amar perfectamente
(1 Juan 4.18, VP).

 ## El egoísmo

Las tres actitudes anteriores forman parte del egoísmo. Quien es egoísta difícilmente pueda librarse de la envidia, del orgullo y de los celos. La razón es obvia: nada que intente alejar al egoísta de sí mismo podrá ser aceptado como virtud. El amor, la sinceridad, la veracidad, no forman parte de la escala de valores del egoísta:

El egoísta sólo busca su interés,
y se opone a todo buen consejo (18.1, VP).

La sabiduría popular latinoamericana conoce el tema a través del dicho: "Primero yo, después yo, y siempre yo".

 # La impulsividad

Impulsivo es aquel cuya conducta y acciones son dirigidas por las emociones y desde el exterior. La cabeza y la razón ocupan papel secundario. Todavía no ha llegado a la madurez:

El que es impulsivo actúa sin pensar;
el que es reflexivo mantiene la calma (14.17, VP).

El impulsivo no mide las consecuencias, reacciona sólo a los impulsos. 29.22 (VP) lo describe así:

El que es violento e impulsivo,
provoca peleas y comete muchos errores.

Tal persona vive con sus defensas siempre por los suelos, expuesta constantemente al peligro:

Como ciudad sin muralla y expuesta
al peligro; así es quien
no sabe dominar sus impulsos (25.28, VP).

ACTITUDES 2
décimo estudio

 Un camino mejor

Finalmente queremos regalarte aquí un racimo de sentencias que ofrecen los secretos de un camino mejor.

A. El primer consejo es buscar y conocer a Dios:

> *Entonces sabrás lo que es honrar al Señor;*
> *¡descubrirás lo que es conocer a Dios!*
> *(2.5, VP).*

> *La sabiduría comienza por honrar al Señor;*
> *conocer al Santísimo es tener inteligencia*
> *(9.10, VP).*

Esta búsqueda y conocimiento se da, de acuerdo a Proverbios, con la lectura y atesoramiento de la palabra de Dios, especialmente de los dichos y enseñanzas de los sabios (véase 2.1-4). Sólo conociendo a

Dios es que se puede asegurar la verdadera sabiduría, ciencia y conocimiento (2.6).

Lo anterior, presupone una actitud de constante "conversión" hacia Dios, es decir un apartamiento del mal:

> *Temer a Yavé es repudiar el mal,*
> *soberbia, arrogancia, mal proceder y boca*
> *mentirosa, todo eso lo aborrezco yo*
> *(8.13, BL).*

> *Teme a Jehová, y apártate del mal (3.7b).*

B. El segundo consejo es temer a Dios o, como dice la VP, "honrar a Dios". Proverbios abre sus enseñanzas con ese principio:

> *El principio de la sabiduría*
> *es el temor de Jehová*
> *(1.7a; cf. 9.10; 15.33).*

La honra y obediencia a la voluntad de Dios es lo que diferencia, de manera radical al sabio del necio: *"los insensatos desprecian la sabiduría y la enseñanza" (1.7b).*

En la enseñanza del Antiguo Testamento, la expresión "el temor de Dios" no debe de entenderse en sentido de pánico o miedo servil. Se refiere, más bien, a la admiración, la obediencia, y la entrega entusiasta y confiada a Dios y a su voluntad. Lo que se define por "temor" es realmente el poder misterioso de la atracción del ser humano hacia Dios. Por supuesto que esto se refiere al temor que le tienen a Dios los que son sus hijos. Porque, para quienes viven alejados de su voluntad, practicando la maldad y la desobediencia, el temor de Dios no es otra cosa más que la certeza aterrorizante de su presencia castigadora (cf. Colosenses 3.5-6; Apocalipsis 16-17). En Proverbios, "el temor de Dios" se refiere, sobre todo, al respeto y la obediencia de las normas divinas. Por ello, es un temor que da vida.

C. El tercer consejo, resultado de lo anterior, se enfoca en la confianza y la dependencia en el Señor:

> *Confía en el Señor, y él te hará triunfar*
> *(20.22b, VP).*

> *Pon tus actos en las manos del Señor,*
> *y tus planes se realizarán (16.3, VP).*

> *No presumas del día de mañana,*
> *pues no sabes lo que el mañana traerá*
> *(27.1, VP).*

D. El siguiente consejo es el de mantener la esperanza. Si uno "teme a Dios" y confía totalmente en él, el futuro es ya seguro:

Mira siempre adelante,
mira siempre de frente (4.25, VP).

La vida en el camino

Proverbios, como lo hace la literatura sapiencial y de hecho toda la Biblia, describe la vida del ser humano como un camino. Una y otra vez insiste en la toma de decisiones y del seguimiento del camino de vida. Vivir es caminar, es abrir brecha; en palabras de Antonio Machado: "Caminante, no hay camino, se hace camino al andar."

Proverbios enseña que el camino no está hecho; sí, en cambio, habla de huellas que otros han trazado en la vida. Uno es quien decide qué huellas seguir para conducir su propia vida.

Fíjate bien dónde pones los pies,
y siempre pisarás terreno firme
(4.26, VP).

Hay caminos que parecen derechos,
pero al final de ellos está la muerte
(14.12; 16.2, VP).

No te desvíes de tu camino;
evita el andar en malos pasos
(4.27, VP).

El consejo de Proverbios es seguir el camino de los justos, aquellos que se conducen de acuerdo a la voluntad de Dios:

*La norma de los justos es apartarse del mal;
cuidar la propia conducta es cuidarse uno
mismo (16.17, VP).*

*El camino de la justicia lleva a la vida
(12.28a, VP).*

Y como nota final, Proverbios nos ofrece el
canto solemne del triunfo de la vida del justo:

*El camino de los justos
es como la luz de un nuevo día:
va en aumento hasta brillar en todo su
esplendor (4.18, VP).*

Notas

HOJAS DE TRABAJO
PARA EL ALUMNO

EL LIBRO DE PROVERBIOS
primer estudio

1. Para realizar con provecho esta lección hay que familiarizarse, de manera general, con el libro de Proverbios; si es posible, hacerle una lectura detenida.

2. El libro de Proverbios tiene varios títulos distribuidos por todo el libro.
Lee los siguientes versículos y copia los distintos títulos presentes en ellos: 1.1; 10.1; 22.17; 24.23; 25.1; 30.1; 31.1. ¿Por qué crees que existen varios títulos?

_____

_____

_____

_____

_____

3. Lee 1--9 y 10.1--22.16, sin detenerte en los detalles, y responde las siguientes preguntas:
a. ¿Cómo comparas la acción de Dios en esas dos secciones?

_____

_____

_____

b. ¿Cuál de las dos secciones provee más información sobre la acción de Dios en la vida de los seres humanos?

_____

_____

_____

c. ¿Cuál de las dos secciones habla más de la sabiduría?

_____

_____

_____

4. Escribe en una hoja cinco o más proverbios (que también se conocen en español como dichos o refranes) que puedas recordar (no los de la Biblia, sino los que has oído en la calle o en otro lugar). Después de leerlos y repasarlos varias veces, responde las siguientes preguntas:

a. ¿En qué se parecen todos ellos? ¿Existe algún punto de semejanza?

_____

_____

_____

b. ¿Por qué crees que es fácil recordar un refrán o dicho?

_____

_____

_____

c. ¿Cuáles son los temas, ideas o enseñanzas que contienen esos refranes?

_____

_____

_____

d. ¿Para qué sirven los refranes? ¿Cuándo es que la gente generalmente los dice?

_____

_____

_____

e. ¿Dónde aprendiste esos refranes? ¿Quién te los enseñó?

_____

_____

_____

f. ¿Cómo crees que nace un refrán? ¿Cómo es que alguien inventa alguno?

_____

_____

_____

5. Lee Génesis 1.28-31 y 2.5, 15-16 y responde:

a. ¿Qué responsabilidades entrega Dios al ser humano?

_____

_____

_____

b. ¿En qué esfera de la vida humana colocarías esas responsabilidades?

_____

_____

_____

c. ¿Está Dios preocupado sólo por el aspecto espiritual y religioso de la vida humana?

_____

_____

_____

PALABRAS
segundo estudio

1. Escribe un refrán o dicho en el que la acción de hablar o las palabras sean el tema principal (inclusive el tema "callar"). Por ejemplo: "Dos oídos hacen más que una lengua; por ello escucha dos veces más de lo que hables" (proverbio griego).

_____

_____

_____

2. En tus propias palabras, explica qué es un chisme. Si tienes a la mano un diccionario de la lengua castellana (el Pequeño Larousse, por ejemplo), revísalo para comparar tu definición con la del diccionario.

_____

_____

_____

3. ¿Qué dice el libro de Proverbios acerca del chisme y de los chismosos?

a. 11.13; 20.19

_____

_____

b. 16.28

c. 18.8; 26.22

d. 26.20

Piensa en circunstancias en las que te has visto involucrado en chismes. ¿Cómo surgieron? ¿Qué frutos trajo toda esa experiencia? ¿Qué lecciones aprendiste?

4. ¿Qué diferencia hay entre el chisme y la mentira?

5. ¿Qué dice Proverbios acerca de la mentira y los mentirosos?

a. 4.24; 6.12-14; 12.22; 16.27

b. 19.28; 6.12-24

c. 6.16-19; 12.22; 19.5; 20.17

6. ¿Qué dicen los siguientes Proverbios sobre ciertas "palabras" que no traen mucha bendición?:

a. 15.1

_____

_____

b. 12.18

_____

_____

c. 26.23; 29.5

_____

_____

7. "Radiografía" de una buena palabra. Haz una lista de las características de la "buena palabra":

a. 25.11; 15.23; 24.26

_____

_____

b. 15.1a; 15.4; 16.24

_____

_____

c. 12.25

_____

_____

d. 25.15

_____

_____

8. ¿Cómo "pintan" a las buenas palabras los siguientes Proverbios?

a. 18.4

_____

_____

b. 25.25

c. 25.12

d. 15.4

e. 16.24

f. 24.26

g. 25.11

9. ¿Qué dice Proverbios acerca del arte de callar?

a. 18.13

b. 21.28

c. 21.23

d. 14.23

e. 13.3

AMISTAD
tercer estudio

1. Escribe dos o tres refranes o dichos sobre la amistad. ¿Qué dicen de ella?

_____

_____

_____

_____

_____

2. ¿Hay alguna poesía, canción o pintura que tú conozcas o tengas a la mano sobre la amistad, que quisieras compartir con la clase?

_____

_____

_____

_____

_____

3. Haz una lista de las características del buen amigo:

a. 27.5, 6 (VP), 9

_____

_____

b. 21.14; 25.17, 20

c. 17.17; 18.24; 27.10

d. 24.17-18; 25.21-22

4. Lee los siguientes Proverbios: 14.20; 19.4, 6, 7. ¿Cómo calificas a este tipo de amistad? ¿Qué piensas de ella? ¿Qué beneficios o daños resultan de ella?

5. ¿Cómo pinta Proverbios a los amigos que realmente no son amigos?

a. 26.18-19

b. 13.20b; 22.24-25

c. 25.19

d. 27.14 (presta especial atención a este versículo. ¿Cómo describes tú al mal amigo de acuerdo a este versículo?)

_____

_____

6. Descubre y analiza los rasgos esenciales de la amistad entre David y Jonatán (1 Samuel 19.1-7; cap. 20; 2 Samuel 1.7-27; 9.1-13). ¿Qué características de esa amistad se describen en los textos que has estudiado del libro de Proverbios?

_____

_____

_____

_____

_____

7. Comparte con los miembros del grupo alguna historia o relato contemporáneo que resalte el valor de la amistad, o que describa los estragos de una mala amistad.

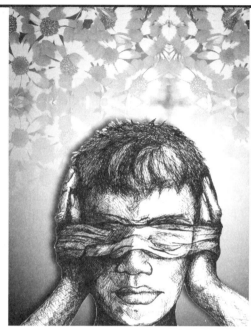

NECEDAD
cuarto estudio

1. ¿Qué otras palabras puedes recordar que te ayuden a definir a una persona necia? Puedes escribir las definiciones y las palabras que se te ocurran. Tu participación en el grupo será de gran ayuda.

_____

_____

_____

_____

_____

2. Escribe tres refranes o dichos que recuerdes sobre el tema de la necedad. Compártelos con el grupo.

_____

_____

_____

_____

3. Lee los siguientes Proverbios: 1.22, 32; 9.4, 6, 16; 10.8; 11.29; 14.3; 15.14; 19.1, 29; 20.1. ¿Qué palabras se utilizan aquí para hablar del necio? ¿Qué significaba "necedad" en el tiempo en que se escribió el libro de Proverbios?

_____

_____

_____

_____

_____

4. ¿Cuáles son las características del necio? Lee la lista de Proverbios y con una o dos palabras escribe una característica junto a la cita de Proverbios.

a. 1.7b; 15.5a; 18.2a

_____

_____

b. 12.23; 13.16; 15.2, 7.

_____

_____

c. 12.15; 14.3; 18.2; 28.26

_____

_____

d. 14.15-16

_____

_____

e. 12.16; 29.11

_____

_____

f. 26.1, 7

_____

_____

5. ¿Qué resultados obtiene el necio? ¿Cómo "premia" la necedad al necio?

a. 17.24

b. 22.3

c. 19.29; 26.3

d. 10.10; 18.7; 19.3

e. 11.29

f. 10.21b

6. ¿Qué consecuencias acarrea el necio a su hogar? Véase 17.21; 17.25; 19.13; 15.20.

7. ¿Qué hacer y qué no hacer para evitar caer en los lazos de la gente necia?

a. 26.4-5

b. 23.9

c. 26.6, 10

d. 13.20; 14.7

e. 29.9

f. 17.12

8. ¿Cómo huir de la necedad?

a. 9.4, 16; 1.22; 15.5

b. 9.6; 8.5

c. 1.1-6

d. 1.7a ¿Qué significa la frase "el temor de Jehová"?

9. ¿Qué es lo contrario de necedad?

EDUCACIÓN
quinto y sexto estudios

1. Lee Proverbios 1.1-7. ¿Según este pasaje con qué propósito se escribió el libro de Proverbios?

_____

_____

_____

_____

_____

2. Haz una lista de las palabras que se usan en castellano para referirse a las distintas tareas educativas (que indiquen el acto de la enseñanza-aprendizaje, el propósito de la educación, los medios que se usan para ella, etc.).

_____

_____

_____

_____

_____

_____

_____

3. Si la educación, de acuerdo al libro de Proverbios, abarca todas las áreas de la vida ¿qué tipo de palabras utilizarías tú para definir esta clase de educación? ¿Qué diferencia fundamental hay entre la educación que se da en el hogar y la que se da en la escuela?

_____

_____

_____

_____

_____

4. Para una mejor comprensión de los puntos que siguen, estudia detenidamente Deuteronomio 6.4-9. Allí se habla del contenido de la enseñanza, de los sujetos de la enseñanza, de los receptores de la enseñanza, del método de la enseñanza, del lugar de la enseñanza, del tiempo de la enseñanza y de la intensidad de la enseñanza.

5. ¿Quiénes son, según Proverbios, los responsables (sujetos) de la educación?

a. 1.8; 6.20; 31.1

_____

_____

b. 22.17-21

_____

_____

c. 3.11,12a; 1.7

_____

_____

6. ¿A quiénes dirige Proverbios las enseñanzas?

a. _____   **b.** _____

7. ¿Cuáles son los métodos para la enseñanza que descubrimos en Proverbios?

a. 1.1-3 _____

_____

b. 30.24-28

_____

_____

c. 6.6

_____

_____

d. 30.32-33; 26.20; 19.13b

_____

_____

e. 24.30-34

_____

_____

f. 20.30

_____

_____

g. 19.20; 1.23; 23.23; 4.13

_____

_____

h. 13.24; 19.18; 22.15; 29.15

_____

_____

8. ¿Cuáles son los frutos de la educación? Haz una lista a partir de los siguientes versículos:

a. 4.13; 10.17a; 13.14

_____

_____

b. 15.31b; 6.23

_____

_____

112

c. 16.21

d. 13.18b.

9. Prepárate para discutir en la clase el tema del castigo corporal en la educación y la disciplina: ¿cuáles son sus pros y sus contras?

10. Escribe dos o tres refranes o dichos contemporáneos que hablen sobre la buena o mala educación.

PEREZA Y TRABAJO

séptimo estudio

1. Lee 26.14 y estúdialo con cuidado. Explica con tus propias palabras este proverbio. ¿Cuál es la característica esencial del holgazán? ¿Por qué este proverbio utiliza la puerta y sus bisagras como imagen del perezoso?

_____

_____

_____

_____

_____

_____

2. Lee los siguientes proverbios y haz una lista de las características que acompañan a la pereza: 13.4a; 15.19; 19.24; 21.25; 22.13; 26.13, 15.

_____

_____

_____

_____

_____

_____

3. Según los siguientes proverbios: 12.11; 10.26; 19.15; 23.21, ¿qué resultados trae la pereza?

_____

_____

_____

_____

_____

4. Según los siguientes pasajes, ¿qué se debe hacer para evitar caer en los lazos de la pereza? Lee 6.6-8; 10.4, 5; 12.27; 24.30-34.

_____

_____

_____

_____

_____

5. ¿Qué enseña Génesis 2.5,15 y 3.17-19 sobre el trabajo humano? ¿Crees tú que el trabajo es resultado del pecado del hombre? De la lectura de estos dos pasajes, ¿qué diferencia trajo el pecado con respecto al trabajo humano?

_____

_____

_____

_____

_____

115

6. Lee 10.4b; 12.24, 27b; 13.4b. ¿Qué dicen estos proverbios del trabajo y de sus resultados?

_____

_____

_____

_____

_____

7. El trabajo... ¿es sólo fuente de bendiciones o acarrea también dolores y sufrimientos? Lee Génesis 11.1-9 ¿Por qué este trabajo resultó un fracaso?

_____

_____

_____

_____

_____

8. ¿Cuál es el ingrediente que hace falta para que el trabajo humano sea exitoso y de provecho? Lee Salmo 127.1-2. Compara este salmo con Proverbios 10.22.

_____

_____

_____

_____

_____

9. Los resultados del trabajo pueden ser negativos. ¿Qué actitudes o acciones pueden hacer del trabajo una fuente de aflicciones? Lee 11.4; 15.16, 17; 17.1; 19.1.

_____

_____

_____

_____

_____

10. Prepara para llevar a la reunión una canción, poesía y refranes que hablen sobre el trabajo y la pereza.

_____

_____

_____

_____

_____

RIQUEZA Y POBREZA
octavo estudio

1. Lee 31.8-9 y compáralo con Deuteronomio 1.17; Salmo 103.6; Isaías 42.6-7; Jeremías 22.3; Mateo 11.4-5; Lucas 4.18-19; 6.20. ¿Qué tienen todos en común? De acuerdo a estos textos, ¿qué significa practicar la justicia?

_____

_____

_____

_____

_____

2. ¿De qué manera se aprende a vivir y practicar la justicia? Lee 1.3; 2.9; 8.11-20 (en especial los versículos 15, 18, 20).

_____

_____

_____

_____

_____

_____

3. ¿Por qué es importante practicar la justicia? Lee 10.2; 11.4-6, 19; 12.28; 13.6; 14.34; 15.9; 16.12, 31; 20.28; 21.3, 21; 25.5; 29.4. Haz una lista de las razones.

_____

_____

_____

_____

_____

4. ¿Cuáles son los frutos de la injusticia? Lee 10.2; 11.5, 18, 19; 13.6, 23 (VP); 14.31, 34; 15.9; 21.7; 22.16; 28.5; 30.14. Haz una lista.

_____

_____

_____

_____

_____

_____

5. ¿Por qué existe en nuestra sociedad pobreza y riqueza a la vez? ¿Qué piensas de los siguientes textos: 18.23; 22.2, 7; 29.13?

_____

_____

_____

_____

_____

6. De acuerdo a Proverbios, la riqueza tiene dos lados. Lee los siguientes proverbios y haz una lista de cada uno de esos dos aspectos:

a. 3.9-10; 8.18; 10.15; 11.16; 22.4; 31.11

_____

_____

b. 1.10-14; 11.28; 15.27; 18.11; 28.6

_____

_____

Compara estos últimos textos con Isaías 3.14-15; Jeremías 22.13-17; Lucas 6.24-25; 12.17-21; Santiago 5.1-6.

7. Lee los siguientes proverbios y haz una lista de las prácticas o acciones que causan la pobreza:

a. 22.22-23; 28.3 (VP), 15-16

_____

_____

b. 6.9-11; 20.13; 24.30-34; 28.19

_____

_____

c. 12.11; 13.7, 18; 21.5; 28.22

_____

_____

d. 12.9; 15.17; 22.1; 23.5; 28.6

_____

_____

8. ¿Cuál es el mejor camino? Haz del siguiente pasaje tu oración: 30.7-9.

_____

_____

_____

_____

_____

_____

_____

_____

_____

_____

_____

_____

ACTITUDES
noveno y décimo estudios

1. Lee 4.23. ¿Por qué se habla de proteger el corazón más que otra parte del ser? La VP usa "mente" en lugar de la palabra "corazón" ¿por qué? Si tienes un diccionario de la Biblia, busca la explicación que se ofrece sobre esta palabra.

_____

_____

_____

_____

_____

2. Comparte con el grupo uno o dos refranes o dichos que hablen acerca del estado de ánimo de las personas.

_____

_____

_____

_____

_____

3. ¿Cómo explicas la aparente contradicción de los siguientes dos proverbios: 14.10 y 15.13?

_____

_____

_____

_____

4. ¿Qué circunstancias en la vida te han obligado u obligan a cubrir tus verdaderos sentimientos frente a los otros? ¿Crees que está bien hacerlo? ¿Por qué sí o por qué no?

_____

_____

_____

_____

_____

5. Explica la aparente contradicción de los siguientes dos proverbios: 14.13 y 15.30.

_____

_____

_____

_____

_____

6. ¿Por qué hace 18.14 la siguiente afirmación y pregunta?

Al enfermo lo levanta su ánimo,
pero al ánimo decaído, ¿quién podrá levantarlo? (VP)

¿De qué tipo de aflicción habla?

121

_____

_____

_____

_____

_____

7. Escribe tu propia definición de envidia. ¿Qué dicen los siguientes proverbios acerca de la envidia?

a. 14.30; 27.4; 24.1-2

_____

_____

b. 3.31; 23.17; 24.19

_____

_____

8. ¿Qué diferencia existe entre la envidia y la codicia? Examina bien los siguientes proverbios: 1.19; 15.27.

_____

_____

_____

_____

_____

9. ¿Por qué es malo el orgullo?: 16.5, 18; 21.4, 24.

_____

_____

_____

_____

_____

10. ¿Son buenas o malas las adulaciones? ¿Cuándo se convierten en dañinas? Lee 27.2, 21.

_____

_____

_____

_____

_____

11. ¿Qué piensas tú de los celos, son buenos o malos?   Lee 6.34; 27.4 (VP); mira también 1 Juan. 4.18.

_____
_____
_____
_____
_____

12. ¿Qué enseña Proverbios acerca de la impulsividad (arrebatos violentos de pasión)? Lee 14.17; 25.28; 29.22.   ¿Cómo diferencias al individuo sensato del impulsivo?

_____
_____
_____
_____
_____

13. ¿Cuál es, según tus conocimientos del libro de Proverbios, la respuesta a una vida abundante y digna?   Haz una lista de elementos importantes para una vida buena. Lee los siguientes proverbios: 2.5, 6; 4.25; 8.1-3; 9.10; 16.3, 17; 19.22b.

_____
_____
_____
_____
_____

14. Aprende de memoria el siguiente proverbio: 4.18. ¿Cómo se lo explicarías a un inconverso?

_____
_____
_____
_____